D1860677

भारतीय ज्योतिष : कुछ नये स्वर

भारतीय ज्योतिष : कुछ नये स्वर

लेखक
डॉ० ज्ञान सिंह मान
एम०ए०, पी-एच०डी०; डी लिट्
डायरेक्टर
डिवाइन ऐस्ट्रोज़
सेंटर फ़ॉर डिवाइन प्रिडिक्शन,
मेडिटेशन ऐण्ड रिसर्च

वाणी प्रकाशन

वाणी प्रकाशन का 'लोगो'
विख्यात चित्रकार मक़बूल फ़िदा हुसेन की
कूची से

सर्वाधिकार सुरक्षित

प्रकाशक की लिखित अनुमति के बिना इस पुस्तक को पूरी तरह अथवा आंशिक तौर पर या पुस्तक के किसी भी अंश को फ़ोटोकॉपी, रिकॉर्डिंग अथवा इलेक्ट्रॉनिक अथवा ज्ञान के किसी भी माध्यम से संग्रह व पुनः प्रयोग की किसी भी प्रणाली द्वारा इस पुस्तक का कोई भी अंश प्रेषित, प्रस्तुत अथवा पुनरुत्पादित ना किया जाए।

ISBN : 978-81-8143-927-7

वाणी प्रकाशन
21-ए, दरियागंज, नयी दिल्ली-110002
द्वारा प्रकाशित

फोन : 0091#11#23273167, 23275710
फैक्स : 0091#11#23275710
ई-मेल : vaniprakashan@gmail.com
vani_prakashan@yahoo.com
वेबसाइट : www.vaniprakashan.in
प्रथम संस्करण : 2009
© लेखकाधीन
मूल्य : 100.00
आवरण सज्जा : वाणी प्रकाशन
शिव शक्ति प्रिंटर्स, शाहदरा, दिल्ली-110032
द्वारा मुद्रित

BHARTIYA JYOTISH : KUCHH NAYE SWAR
by : Dr. Gyan Singh Maan

पुस्तक के सम्बन्ध में

'भारतीय ज्योतिष : कुछ नये स्वर' ज्योतिष के कुछ ऐसे मूलभूत तथ्यों को प्रकाशित करती है जिन पर इससे पूर्व गम्भीरता से विचार नहीं किया गया। ज्योतिष शास्त्र की लोकप्रियता सर्वमान्य है। भारत तथा अन्य देशों में भी हर व्यक्ति किसी न किसी रूप में इस विधा से जुड़ा रहता है। भविष्य जानने की प्रवृत्ति मानव में अनादि काल से विद्यमान है। इस विधा प्रणाली पर गहन आस्था रखनेवाले भी कई बार शंकाग्रस्त देखे जाते हैं। विभिन्न प्रकार की अस्पष्ट स्थितियों में ज्योतिष के प्रति उनका सन्देह बढ़ता जाता है। जो लोग ज्योतिष को पूरा अटकल और अनुमान मानकर इस शास्त्र का उपहास करते हैं उनके लिए भी इस कृति में पुनरवलोकन की सामग्री उपलब्ध है। आधुनिक युवा मानस में ज्योतिष के प्रति सन्देह उत्पन्न होना स्वाभाविक है क्योंकि आधुनिक युग की युवा पीढ़ी बहुधा वैज्ञानिक आधारों पर विश्वास करती है। युवा मानसिकता की सन्देहशीलता का मनोवैज्ञानिक समाधान इस कृति का ध्येय रहा है।

अध्ययन की दृष्टि से ज्योतिष शास्त्र के दो पहलु हैं; पहला केवल ज्ञानवर्द्धन के लिए अथवा शौक पूरा करने के लिए, दूसरा व्यावसायिक रूप में इसे दुकानदारी का रूप देने के लिए। व्यावसायिक जीवन में किसी कर्मनिष्ठ भविष्य वक्ता को अपने ग्राहकों के जिन उल्टे सीधे प्रश्नों से दो चार होना पड़ता है, उनका समाधान भी इस कृति में दिया गया है।

Astrology is science in itself and contains on illuminating body of knowledge. It taught me many things and I am greatly indeblted to it.

–Alber Einstein

I claim not to have controlled events, but confess plainly that events have controlled me.

–Abraham Lincoln

"न केवल समुद्रों का पानी बल्कि पृथ्वी की पथरीली और रेतीली सतह भी जैसे-जैसे चाँद के सम्मुख आती है वह लगभग 30 सेंटीमीटर चाँद की तरफ खिंच जाती है। वैज्ञानिकों के देखने में आया है कि पृथ्वी और चाँद की आपसी खींचतान के फलस्वरूप इन दोनों पिंडों के ढाँचों में कई स्थायी विकार उत्पन्न हो गए हैं। और तो और चाँद पृथ्वी की घूर्णन गति पर ब्रेकें लगा रहा है। पिछले चार अरब सालों में उसने पृथ्वी की इस गति को बहुत मन्द कर दिया है। एक जमाना था जब पृथ्वी केवल छह घंटे में एक बार अपनी धुरी पर घूम जाती थी। अब उसे 24 घंटे लगते हैं।"

—रविवारीय दैनिक ट्रिब्यून, 30.4.2004

अपनी बात

बीते काल का लेखा-जोखा तैयार करना तथा आनेवाले कल को व्यवस्थित करने का प्रयास, यह व्यावहारिक जीवन की मूल प्रवृत्ति है। भविष्य जानने की लालसा प्राणी मात्र में जन्मजात रही है। यही मूल प्रवृत्ति, कामना या भावी जीवन की परतें खोलने की जिज्ञासा ज्योतिष विद्या की जननी है। इस विद्या, शास्त्र या विधि का उद्‌गम उसी क्षण हो गया था जब इस धरती के पहले मानव ने सूर्योदय और अस्त के प्रथम दर्शन किए होंगे तथा अत्यन्त श्रद्धेय भाव से इस आलौकिक दृश्य को नमन किया होगा। भविष्य के प्रति मानव की जिज्ञासा तथा प्राकृतिक शक्तियों के नियामक और नियन्त्रण कर्ता का रहस्य पाने की साधना में ज्योतिष शास्त्र के पृष्ठ दर पृष्ठ प्रकट होते रहे हैं, यह प्रवृत्ति आज भी पूर्ववत बनी हुई है।

ज्योतिष की साधना ऐसी ज्योतिष, प्रकाश या प्रभापुंज का अन्वेषण है जो भूत, वर्तमान और भविष्य के उन रहस्यों को आलोकमान करती है जिन्हें सांसारिक जीव व्यावहारिक नेत्रों से नहीं देख पाता। शायद इसीलिए इस विद्या के बहुत से रहस्य आज भी गूढ़, अस्पष्ट एवं चिन्तनीय बने हुए हैं। जड़-चेतन सृष्टि, धरती के समस्त प्राणी और जीवन तथा प्राकृतिक सर्जन-विसर्जन के सब प्रारूप, इस विद्या के अन्वेषण का आधार है। ब्रह्मांड में जहाँ कहीं भी छाया, अस्पष्टता, अन्धकार और रहस्यात्मक परतें हैं उसे खोलने और प्रकाशित करने के लिए ज्योतिष की साधना मानव को दिव्य-दृष्टि प्रदान करती है। सौर मंडल में परिक्रमा करते ग्रह एवं उपग्रह अज्ञात को ज्ञात में प्रकट करने का साधन प्रदान करते रहते हैं। आकाश मंडल तथा सौर जगत निरन्तर गतिमान है तथा प्रतिपल परिवर्तनशील है। सौरमंडल के ग्रहों की आपसी युति या वियुति जो आज है, वह कल नहीं होगी। काल है तो दिन-रात हैं। सूर्योदय है तो पंचांग है। जब तक धरती पर सूर्योदय रहेगा, पंचांग की गणना होती रहेगी। मानवीय जीवन के गूढ़तम रहस्यों को आलोकमान करने के लिए ज्योतिष शास्त्र का प्रकाश बना रहेगा।

आधुनिक युग में तनावग्रस्त व्यक्ति के लिए ज्योतिष ज्ञान एक मनोवैज्ञानिक आवश्यकता बनता जा रहा है। हर व्यक्ति चाहे वह किसी भी रूप में कार्यरत

है–सामाजिक, राजनीतिक, धार्मिक, आध्यात्मिक, सरकारी, गैर-सरकारी, व्यापार आदि–भविष्य जानने के लिए सदा उत्सुक रहता है। जीवन के प्रत्येक दो-राहे या चौराहे पर खड़ा दुविधाग्रस्त हर व्यक्ति ज्योतिषवेत्ता की ओर जिज्ञासु भाव से देखता है। व्यावहारिक एवं खुले जीवन में भले ही कुछ लोग ज्योतिष को तिरस्कार या हीनभावना से देखते हों परन्तु गुप्त रूप में सभी ज्योतिषवेत्ताओं से सम्पर्क करते रहते हैं। धार्मिक संस्थाओं से जुड़े मठाधीशों में तो यह प्रवृत्ति प्रायः देखने को मिलती है। अपने अनुयायिओं को वे खुले मंच पर ज्योतिष के भ्रमजाल से दूर रहने का उपदेश देते हैं, स्वयं गुप्त में ज्योतिष का अन्धानुकरण करते हैं।

ज्योतिष विद्या है, कला है, विज्ञान है या फिर कोई 'सिस्टम'–इस विवाद पर टिप्पणी करना मेरा ध्येय नहीं है। ज्योतिष शास्त्र का एक तुच्छ छात्र होने के नाते पिछले चालीस-पचास वर्षों में अपने अध्ययन मनन के दौरान जो अनुभव प्राप्त किया है, उसे ही शब्दबद्ध कर रहा हूँ। ज्योतिष मूलतः व्यक्तिगत आस्था और विश्वास का विषय है। भारतीय दर्शन, संस्कृति तथा जनजीवन में इसका महत्व सर्वमान्य है। जिस प्रकार सूर्य है उसी प्रकार ज्योतिष का प्रकाश है। किसी भी शास्त्र, विज्ञान या विद्या को मानने या न मानने का प्रश्न इतना महत्वपूर्ण नहीं है जितना यह जानना कि अमुक विद्या या विज्ञान सामाजिक जीवन में कितना प्रभावशाली है। ज्योतिष शास्त्र का सामाजिक जीवन में प्रभाव और महत्त्व निर्विवाद है। वैसे तो ईश्वर के अस्तित्व को भी नकारने वालों की कमी नहीं है। ऐसे में ईश्वर के ईश्वरत्व में कोई अन्तर नहीं पड़ता। ज्योतिष विज्ञान है या महज अटकल–इस विषय पर माथापच्ची करने की जरूरत नहीं है। जो लोग ज्योतिष शास्त्र पर विश्वास करते हैं, बस करते हैं–कहीं कोई किन्तु परन्तु नहीं। इन्हीं आस्थागत लोगों में मैं भी एक हूँ।

कर्मवाद और भाग्यवाद–दोनों ही आस्थाओं के लोग इस संसार में विद्यमान हैं। कट्टर से कट्टर कर्मवादी भी अपना भविष्य जानने को सदा उत्सुक एवं तत्पर रहता है। ज्योतिष शास्त्र किसी भी मोड़ पर कर्मवाद को नकारता नहीं है। यदि पूर्व संस्कार या प्रारब्ध के सिद्धान्त को मान लिया जाए तो कर्मवाद और भाग्यवाद एक ही सिक्के के दो पहलु प्रतीत होंगे। ज्योतिष विद्या इसी सिक्के के खरा-खोटा होने की सम्भावनाओं को सुस्पष्ट करती है। ज्योतिष शास्त्र प्राणी मात्र में विद्यमान वैश्विक जिज्ञासा-वृत्ति का प्रतिफलन है। इसीलिए यह विद्या देश, काल, सीमा, मत-मतान्तर, दर्शन विधान, धर्म-आस्था आदि सभी आक्षेपों से मुक्त एवं स्वतन्त्र हैं। जो है, क्यो हैं? कल इसका क्या रूप होगा? बस यही है ज्योतिष का सार तत्व।

मानव अपने अस्तित्व को सुरक्षित करने तथा ज्ञान को विकसित करने के लिए अपने परिवेश से निरन्तर कुछ न कुछ प्राप्त करता रहता है। हर सामाजिक प्राणी की यही नियति है। व्यक्ति अपने परिवार, समाज तथा परिवेश से वरदान रूप में जो कुछ प्राप्त करता है, उसका ऋण चुकाए बिना सांसारिक यात्रा सफल

नहीं हो पाती। ज्योतिष विषय पर मेरी क्रमबद्ध रचनाएँ इसी कृतज्ञतापूर्ण भाव से अभिहित हैं। संस्कारगत रूप में ज्योतिष का आरम्भिक ज्ञान मुझे अपने पिताश्री (दिवंगत) स० लाहौरा सिंह जी मान की उत्प्रेरणा से ही प्राप्त हुआ है। पिताश्री ज्योतिषशास्त्र के मान्य ज्ञानवेत्ता थे। उनके आशीष के उपरन्त परिवार के गुरुवर परमपूज्य, महासिद्ध ज्योतिषाचार्य, दिवश्री, पंडित इन्द्रजीत जी कौशल (दिवंगत) के श्रीचरणों में नतमस्तक होकर इस दैवी विद्या का मैंने एक लम्बे समय तक अध्ययन एवं मनन किया। मेरे सीमित ज्ञान कटोरे में ज्योतिष देवी गंगा की जो भी पावन छलकन विद्यमान है उसका श्रेय महामानव, श्रद्धेय कौशल जी को ही है। पिताश्री तथा पूज्य गुरुवर के प्रति किसी प्रकार की शब्दबद्ध कृतज्ञता प्रकट करना मेरी ओर से कोरा दम्भ प्रतीत होगा। हाँ इन देव पुरुषों के प्रति श्रद्धाभाव से नमन करके मैं हर रोज पुण्य जरूर संचित करता हूँ।

एक लम्बे समय तक मैं प्राध्यापकीय तथा प्रशासनिक गतिविधियों में व्यस्त रहा हूँ। उसी दौरान साहित्यिक ग्रन्थों का सृजन भी जारी रहा; फलतः अब तक पचपन से अधिक पुस्तकें प्रकाश में आ चुकी हैं। ज्योतिष विषय पर मेरी पहली रचना अंग्रेजी भाषा में, 'मार्ज, मंगलीक एंड एस्ट्रालजी' नाम से प्रकाशित हो चुकी है। मंगल तथा मंगलीक विषय पर यह अपने ढंग की एक विशिष्ट एवं उपयोगी रचना है। अध्ययनशील ज्योतिष के जिज्ञासु वृन्द में यह ग्रन्थ पर्याप्त चर्चा का विषय रहा है। सुधि ज्योतिषवेताओं तथा अन्वेषकों में इस कृति का निजी स्थान है। अपने स्नेही सूत्रों, आत्मीय मित्रों तथा प्रशंसकों के निरन्तर आग्रह और अनुरोध के परिणामस्वरूप अब ज्योतिष विषय पर क्रमबद्ध कुछ ग्रन्थों का मनन एवं प्रकाशन आरम्भ कर रहा हूँ। इस दिशा में मुझे कितनी सफलता मिलेगी, इस पर कुछ कहना व्यर्थ होगा।

मैं अपने इष्टदेव तथा परम प्रेरक दिवश्री महाराज को शतधा नमस्कार करता हूँ जिनकी पावन अनुकम्पा, वात्सल्य एवं स्नेह ने मुझे इस कृति को शब्दबद्ध करने का सामर्थ्य प्रदान किया। मैं उन समस्त मनीषियों, लेखकों, ज्योतिषकीय विचारकों, दार्शनिकों एवं अन्वेषकों के प्रति हार्दिक आभार एवं कृतज्ञता व्यक्त करता हूँ जिनके सूत्र, विचार एवं ग्रन्थ मेरी इस तुच्छ अवधारणा का मार्ग प्रशस्त करते रहे हैं और कर रहे हैं। अन्ततोगत्वा गुरुवाणी के इस पवित्र वाक् के साथ तद्रूस्थ होना ही मुझे श्रेयस्कर लगता है। 'तेरा तुझको सौंप के, क्या लागे मेरा'। अस्तु।

डॉ० ज्ञानसिंह मान
पी-एच०डी०; डी० लिट्

डायरेक्टर
डिवाइन एस्ट्रोज़ (रजि. सोसायटी)
सेंटर ऑफ एस्ट्रो लाइफ एंड रिसर्च
1658 चौक करीमपुरा लुधियाना-141008
दूरभाष : 0161-2721161; 2408472
मोबाइल : +91 9814330472

अनुक्रम

पहला अध्याय

ज्योतिष की पहली किरण

ज्योतिष शास्त्र का इतिहास बहुत पुराना है। सूर्य की पहली किरण के साथ ही गणित-ज्योतिष का उदय हुआ होगा। विश्व की लगभग सभी प्राचीनतम संस्कृतियों में ज्योतिष विद्या के संकेत मिलते हैं। सुप्रसिद्ध विद्वान आचार्य हजारीप्रसाद द्विवेदी के अनुसार—फलित ज्योतिष के ऐतिहासिक विकास की कहानी एक मनोरंजक और महत्वपूर्ण विषय है। यह अजीब विरोधाभास है कि जिस विद्या ने देश की प्रायः सम्पूर्ण जनता पर अपना अद्‌भुत प्रभाव जमा रखा है, उसके विषय में लोग बहुत कम जानते हैं। इसका कारण तो यह है कि यह विषय शास्त्रीय परिभाषाओं और मर्यादाओं की अपेक्षा रखता है और सीधी-सादी भाषा में इसकी चर्चा करना एकदम असम्भव तो नहीं पर कठिन अवश्य है।

अंग्रेजी में एक कहावत है कि गणित ज्योतिष फलित-रूपी मूर्ख माता की बुद्धिमती सन्तति है। यूरोप के फलित ज्योतिष के सम्बन्ध में शायद यही बात सच भी है। मगर भारतवर्ष में यह कहावत ठीक नहीं कही जा सकती। हमारे देश के सबसे प्राचीन ग्रन्थ वेदों में फलित ज्योतिष के सम्बन्ध में कोई विशेष उल्लेख नहीं है। यह ठीक है कि केवल वेदों में उल्लेख न होने के कारण ही यह नहीं कहा जा सकता कि गणित ज्योतिष फलित ज्योतिष से उत्पन्न नहीं है, परन्तु भारतीय फलित ज्योतिष चीज ही ऐसी है कि वह 'एस्ट्रोनोमी' या ग्रह-नक्षत्रों की विद्या तक ही सीमित नहीं कही जा सकती। भारतीय फलित ज्योतिष एक विशाल विषय है। कब उठना चाहिए, कब बैठना चाहिए, कब जाना चाहिए, कैसे जाना चाहिए, क्यों जाना चाहिए, कहाँ जाना चाहिए, क्या देखना अच्छा है, क्या देखना बुरा है, किस दिन दवा खानी चाहिए, कब बीमार होना अच्छा है, कब दवा खाना अच्छा है, बीमार होकर कब स्नान करना चाहिए, कब चोरी करनी चाहिए, कब खरीद-बिक्री करना अच्छा है—यहाँ तक कि कब मरना अच्छा है, कब बुरा—यह सब आरम्भ होना उसके किस शुभाशुभ का कारण होता है—इत्यादि बहुत-सी बातें

ज्योतिष के प्रतिपाद्य हैं। आजकल के अनेक शास्त्र अपरिणत अवस्था में इसके अन्तर्गत थे। इनमें से बहुतों का सम्बन्ध ग्रह और नक्षत्रों से है ही नहीं।

भारतवर्ष में ज्योतिष के अध्ययन का कारण याग-यज्ञ हैं। वैदिक आर्य याग-यज्ञ के प्रेमी थे। विशेष-विशेष यज्ञों के लिए समय का निर्णय करना नितान्त प्रयोजनीय था। काल का निर्णय करने के लिए ज्योतिष विद्या के सिवा दूसरा रास्ता नहीं था। गणित ज्योतिष के सबसे प्राचीन ग्रन्थ 'वेदांग ज्योतिष' के अन्त में लिखा है कि वेद यज्ञ के लिए अभिप्रवृत्त हुए हैं और यज्ञों का विधान समय के अनुसार हुआ है। इसलिए काल के विधान करनेवाले इस ज्योतिष-शास्त्र को जो जानता है, वस्तुतः वही यज्ञों को जानता है।

देशी पंडितों ने वेदों में आए हुए, 'सप्त-आदित्य' शब्द का अर्थ 'सात ग्रह' बताया है। यह सत्य है कि वैदिक संहिताओं में बृहस्पति, सूर्य और चन्द्र के अतिरिक्त और किसी ग्रह का नाम नहीं है, पर इससे यह सिद्ध नहीं हो जाता कि वैदिक ऋषियो को ग्रहों का ज्ञान था ही नहीं। सौभाग्यवश नक्षत्रों के बारे में ऐसा कुछ बड़ा झगड़ा नहीं है। थोड़ा तो है ही। किसी समय यूरोपियन पंडितों ने बताना चाहा था कि भारतीय नक्षत्र-विद्या या तो बेबीलोनिया से भारत में आई थी या चीन से, परन्तु आज शायद ही कोई इन बातों को विचार-योग्य भी मानता हो। उलटे अब यह सिद्ध हो चुका है कि भारत की नक्षत्र-विद्या ही उन देशों में गई थी। आज हम इन बातों की विस्तृत चर्चा करना नहीं चाहते, पर इतना जान लेने से हमारा काम आसान हो जाएगा कि वैदिक काल में नक्षत्रों का प्रचलन अधिक था। और राशियों की गणना लगभग दो हजार वर्ष पहले से ही हमारे देश में विशेष प्रचलित हुई है।

आचार्य हजारीप्रसाद द्विवेदी का मत है कि अपने शुभाशुभ कर्मों के फलस्वरूप ही मनुष्य शुभ या अशुभ फल पाता है, किसी दूसरे के कारण नहीं। यही साधारण विचार था! ब्राह्मण और उपनिषदों के बाद के युग में यह बात भी विश्वास की जाने लगी थी कि आकाश में चलनेवाले ग्रह-नक्षत्र भी मनुष्य के शुभाशुभ भाग्य के कारण है। कुछ यूरोपियन पंडितों का विश्वास है कि यह बात बेबीलोनिया या सीरिया से भारतवर्ष में आई होगी। उन दिनों बेबीलोनिया और सीरिया (या एक शब्द में यूफ्रेटस की घाटियों) में पुरोहितों को भविष्यफल बताना पड़ता था। इन पुरोहितों को 'बारे' कहा करते थे। 'बारे' लोग बलि दिए गए पशुओं के जिगर और आसमान में चलनेवाले ग्रहों की गति के अनुसार फल बताया करते थे। बहुत सम्भव है कि यूफ्रेटस उपत्यका की यह विद्या भारतवर्ष में आ गई हो, क्योंकि उन दिनों भारतीय व्यापारी यूफ्रेटस की घाटियों में व्यापार करने जाया करते थे। यह बात ईसा से छः-सात सौ वर्ष पहले की है।

ईस्वी सन् के आसपास फलित-ज्योतिष के अनेक ग्रन्थ लिखे जा चुके थे, जो प्रायः सब लोप हो गए हैं। ईसा की छठी शताब्दी में एक बहुत बड़े ज्योतिषी वराहमिहिर ने ज्योतिष की प्रत्येक शाखा पर ग्रन्थ लिखे। ये ग्रन्थ नाना ज्ञातव्य तथ्यों से भरे हैं। इन्हीं ग्रन्थों से पता चलता है कि वराहमिहिर के पहले असित, देवल, गर्ग, वृद्धगर्ग, नारद, पराशर, सत्याचार्य, जीवशर्मा, सिद्धसेन, मय, यवन और मणित्थ आदि अनेक आचार्यों ने पुस्तकें लिखी थीं। अन्तिम तीन नामों को ग्रीक बताया जाता है।

जो हो, इस बात को अस्वीकार नहीं किया जा सकता कि ईसा की तीसरी-चौथी शताब्दी में भारतीय ज्योतिष में एक नया युग शुरू हुआ। इस समय ग्रहों और राशियों को प्रधानता दी गई और सबसे बड़ी बात यह हुई कि भारतीय समाज में इस विचार को एक स्थायी स्थान मिल गया कि आकाश में चलनेवाले ग्रह-पिंड मनुष्यों के भाग्य का नियन्त्रण कर रहे हैं। यह बात हिन्दुओं के परम्परागत विश्वास से एकदम विपरीत थी, तथापि उसकी 'समझौते' की प्रकृति के अनुसार उसे जगह मिल गई। परन्तु उस युग में जब यह विचार पहले-पहल हिन्दू-समाज के सामने आया तो एक बहुत बड़ा आन्दोलन हुआ। कहा गया कि जब पूर्व जन्म का कर्म-फल ही इसी जन्म में पाना है और वह पाना होगा ही, तो यह भाग्य-निर्णय का बावेला कैसा? जवाब दिया गया—"पूर्वजन्म में जो शुभाशुभ कर्म किया गया है, उसके फल को यह शास्त्र उसी तरह व्यक्त कर देता है, जिस तरह अन्धकार में प्रदीप।" और भी बताया गया कि कुछ कर्म तो दृढ़ मूल होते हैं और कुछ शिथिल-मूलक (उत्पल, बृहज्जातक की टीका)। दूसरे प्रकार के कर्मों को जानकर दान, जप-तप आदि के द्वारा निवारण किया जा सकता है। असल में इस युग के इस नए विचार ने सारे हिन्दू धर्म को बड़ी दूर तक प्रभावित किया और सच तो यह है कि पिछले डेढ़ हजार वर्ष का हिन्दू-धर्म तीन टाँगों पर खड़ा हुआ है—जाति-भेद, खान-पान और फलित-ज्योतिष।

नए युग में राशि और ग्रहों के ज्योतिष ने बड़ा विशाल रूप धारण किया। केवल जन्मकालीन ग्रहस्थिति पर से ही फल नहीं कहा जाता था। वर्ष पूरा करके दूसरे वर्ष में प्रवेश करने की ग्रहस्थिति पर से भी महीने भर का फल बताया जाता था। ज्योतिष के इस विभाग का नाम ताजिकशास्त्र है। ताजिक अरबी लोगों को कहते हैं। इससे आप समझ सकते हैं कि यह शास्त्र मुसलमानों से हिन्दुओं को मिला। ताजिक के सभी पारिभाषिक शब्द अरबी से लिए गए हैं।

मुसलमान ज्योतिषियों ने एक दूसरे विभाग को भी ज्योतिष से परिचित कराया। इसे रमल-शास्त्र कहते हैं। रमल अरबी के रम्माल शब्द का संस्कृत रूप है। रमल का सम्बन्ध ग्रहों और राशियों से नहीं है।

आधुनिक युग के महान आध्यात्मिक गुरु, विचारक एवं दार्शनिक आचार्य रजनीश (ओशो) के मतानुसार—ऋग्वेद में पचानवें हजार वर्ष पूर्व ग्रह नक्षत्रों की जैसी स्थिति थी उसका उल्लेख है। इसी आधार पर लोकमान्य तिलक ने यह तय किया था कि वेद इतने हजार वर्ष से ज्यादा पुराने तो निश्चित ही होने चाहिए। क्योंकि वेद में यदि पचानवे हजार वर्ष पहले जैसी नक्षत्रों की स्थिति थी, उसका उल्लेख है, तो वह उल्लेख उतना पुराना तो होगा ही। क्योंकि उस समय जो स्थिति थी नक्षत्रों की, उसे बाद में जानने का कोई भी उपाय नहीं था। अब जरूर हमारे पास ऐसे वैज्ञानिक साधन उपलब्ध हो सके हैं कि हम जान सकें कि अतीत में नक्षत्रों की स्थिति कब कैसी रही होगी!

ज्योतिष की सर्वाधिक गहरी मान्यताएँ भारत में पैदा हुईं। सच तो यह है कि ज्योतिष के कारण ही गणित का जन्म हुआ। ज्योतिष गणना के लिए ही सबसे पहले गणित का जन्म हुआ। और इसलिए अंकगणित के जो अंक हैं वह भारतीय हैं। सारी दुनिया की भाषाओं में। एक से लेकर नौ तक जो गणना के अंक हैं, वे समस्त भाषाओं में जगत की, भारतीय हैं। और सारी दुनिया में 9 डिजिट या 9 अंक स्वीकृत हो गए हैं। वे नौ अंक भारत में पैदा हुए और धीरे-धीरे सारे जगत् में फैल गए। जिसे आप अंग्रेजी में नाइन कहते हैं, वह संस्कृत के नौ का ही रूपान्तरण है। जिसे आप एट कहते हैं वह संस्कृत के अष्ट का ही रूपान्तरण है। 1 से लेकर 9 तक जगत की समस्त भाषाओं में गणित के नौ अंकों का जो प्रचलन है वह भारतीय ज्योतिष के प्रभाव में ही हुआ है। भारत में ज्योतिष की पहली किरणें सुमेर की सभ्यता में पहुँचीं। सुमेरवासियों ने सबसे पहले, ईसा से छः हजार वर्ष पूर्व पश्चिम के जगत के लिए ज्योतिष का द्वार खोला। सुमेरवासियों ने सबसे पहले नक्षत्रों के वैज्ञानिक अध्ययन की आधारशिलाएँ रखीं। उन्होंने बड़े ऊँचे, सात-सात सौ फीट ऊँचे मीनार बनाए और मीनारों पर सुमेर के पुरोहित चौबीस घंटे आकाश का अध्ययन करते थे। सुमेर के तत्वविदों को इस गहरे सूत्र का पता चल गया था कि मनुष्य के जगत् में जो भी घटित होता है, उस घटना का प्रारम्भिक स्रोत नक्षत्रों से किसी न किसी भाँति जरूर ही सम्बन्धित है।

जीसस से छह हजार वर्ष पहले सुमेर में यह धारणा कि पृथ्वी पर जो भी बीमारी पैदा होती है, जो भी महामारी पैदा होती है, वह सब नक्षत्रों से सम्बन्धित है, भली-भाँति प्रचलित हो गई। अब तो इसके लिए वैज्ञानिक आधार भी मिल गए हैं। ज्योतिष की यह विद्या इतिहासज्ञों के अनुसार सुमेर में ही प्रथमतः विकसित हुई थी। 1920 में चीजेवस्की नाम के एक रूसी वैज्ञानिक ने इस बात की गहरी खोजबीन शुरू की और पाया कि सूरज पर हर ग्यारह वर्षों में पीरियोडिकली बहुत बड़ा विस्फोट होता है। सूर्य पर हर ग्यारह वर्ष में आणविक विस्फोट होता है। और

चीजेवस्की ने यह पाया कि जब भी सूरज पर ग्यारह वर्ष में आणविक विस्फोट होता है तभी पृथ्वी पर युद्ध और क्रान्तियों के सूत्रपात होते हैं।

श्री गुणाकर मुले ने कादम्बिनी नवम्बर 2004 के अंक में ज्योतिष के इतिहास पर प्रकाश डालते हुए लिखा है–

आज जिस तरह के फलित ज्योतिष का प्रचलन है उसके स्रोत प्राचीन बेबीलोन (मेसोपोटामिया) में हैं। बारह राशियों और सात वारों का मूल भी बेबीलोन में ही है। वहाँ आरम्भ में प्रमुखतः ग्रह-नक्षत्रों के आधार पर शकुन बताए जाते थे। आज भी फलित-ज्योतिष को खगोल-विज्ञान की नित नई जानकारी से कोई मतलब नहीं है।

शब्दों का अपना जीवन होता है। कुछ शब्द अपने जीवन में उन्नति करते हैं तो कुछ अवनति भी करते हैं। 'ज्योतिष' शब्द की भी अवनति हुई है। आज लोक-व्यवहार में 'ज्योतिष' का अर्थ हो गया है–फलित-ज्योतिष (एस्ट्रालाजी) यानी ग्रह-नक्षत्रों के शुभाशुभ फल बतानेवाली विद्या परन्तु आरम्भ में अनेक सदियों तक इस शब्द का यह अर्थ नहीं था। यदि हम ऐतिहासिक परिप्रेक्ष्य में इस शब्द के अर्थ-विस्तार को देखते चलें तो भारतीय ज्योतिष के विकास की एक झलक मिलने के साथ-साथ काफी हद तक यह भी स्पष्ट हो जाएगा कि आज प्रचलित फलित-ज्योतिष वस्तुतः क्या है और भारत में इसका प्रवेश तथा फैलाव कब और कैसे हुआ?

संस्कृत में 'ज्योतिः' शब्द का मूल अर्थ है–प्रकाश, तेज, सूर्य। अतः 'ज्योतिष' का अर्थ होगा–आकाशीय ज्योतियों यानी सूर्यादि नक्षत्रों तथा ग्रहों आदि की गतियों को और इनके जरिए काल-विभाजन को जानने की विद्या (ज्योतिषां सूर्यादिग्रहाणां बोधकं शास्त्रम्)। भारतीय ज्योतिष की सबसे प्राचीन उपलब्ध पुस्तक महात्मा लगध रचित 'वेदांग-ज्योतिष' (लगभग 600 ई०पू०) का प्रमुख विषय ही काल-गणना है (कालज्ञानं प्रवक्ष्यामि लगधस्य महात्मनः)। इसके एक श्लोक में यह भी बताया गया है–वेदांग शास्त्राणां ज्योतिषं (गणितं) मूर्धनि स्थितम् (वेदांगों में गणित-ज्योतिष का स्थान सबसे ऊँचा है)।

आरम्भ में व्यावहारिक ज्योतिष का धर्मकर्म व भविष्यकथन से अभिन्न सम्बन्ध रहा है। हालाँकि फलित-ज्योतिष अन्धविश्वास पर आधारित था मगर आरम्भिक दौर में इससे आकाशीय पिंडों का अवलोकन करने और उनका लेखा-जोखा रखने के लिए प्रोत्साहन ही मिला। प्रायः सभी प्राचीन सभ्यताओं में पुरोहित ही ज्योतिषी रहे हैं।

वैदिक काल में अत्रि कुल के पुरोहितों को उत्तरायण-दक्षिणायन की जानकारी थी और ऋग्वेद में आये स्वर्भानु के आख्यान से पता चलता है कि वे चन्द्र एवं

सूर्य ग्रहणों का भी लेखा-जोखा रखते थे। प्राचीन बेबीलोन में भी पुरोहित ही वेधकर्ता-ज्योतिषी और फलित-ज्योतिषी, दोनों की भूमिकाएँ अदा करते थे। वैदिक काल के पहले की सिन्धु सभ्यता (उन्नत काल : लगभग 2600-2000 ई०पू०) में भी सम्भवतः यही स्थिति रही है।

वेदों में ज्योतिषीय उल्लेख बहुत कम है। 'ऋग्वेद' में तिष्य (पुष्य), चित्रा और रेवती जैसे कुछ ही नक्षत्रों का उल्लेख है। कृतिका से शुरू होनेवाली 27 या 28 नक्षत्रों की सूची 'यजुर्वेद' और 'अथर्ववेद' में देखने को मिलती है। वस्तुतः वैदिक काल में और बाद में कई सदियों तक हमारे देश में नक्षत्र-पद्धति का ही प्रचलन रहा है, राशि-पद्धति का नहीं। 'वेदांग-ज्योतिष' और 'महाभारत' में राशियों और वारों का उल्लेख नहीं है इसलिए उस समय जिस तरह के फलित-ज्योतिष का प्रचलन था वह नक्षत्रों पर आधारित था। भारत रत्न डॉ० पांडुरंग वामन काणे अपने 'धर्मशास्त्र का इतिहास' (चतुर्थ भाग, अध्याय 15) में स्पष्ट लिखते हैं—"ईसा से कई शताब्दियों पूर्व वैदिक और घरेलू कृत्यों के लिए केवल शुभ नक्षत्र का निर्धारण होता था, न कि किसी तिथि का। सप्ताह के दिनों का भी उल्लेख नहीं किया जाता था, राशियाँ भी वर्णित नहीं हैं; केवल शुभ नक्षत्र में कृत्य-सम्पदन की व्यवस्था है।...(उन) प्रारम्भिक युगों में कोई ऐसे नियम नहीं बन पाए थे जिनसे ग्रहों का किसी नक्षत्र में प्रभाव जाना जा सके और न कुंडलियाँ ही बनती थीं, जिनमें ग्रहों, नक्षत्रों एवं राशियों के घर आदि बने हो।"

डॉ० काणे आगे बताते हैं—"महाभारत के कथनों में एक द्रष्टव्य बात यह है कि जहाँ वे सूर्य, चन्द्र एवं ग्रहों की स्थितियों को उनके नक्षत्रों के सम्बन्ध में बताते हैं, वहाँ वे कहीं भी ग्रहों की स्थितियों को उनकी राशियों अथवा सप्ताह-दिनों (यथा मंगल, रवि आदि) के सम्बन्ध में नहीं बताते।

तात्पर्य यह कि ईसा पूर्व की सदियों में भारत में ज्योतिष (गणित-ज्योतिष) का जितना विकास हुआ था उसके दर्शन हमें प्रमुखतः वेदांग-ज्योतिष में होते हैं। और उस समय तक भारत में जिस तरह के फलित-ज्योतिष का प्रचलन था वह नक्षत्रों पर आधारित था, आज की तरह राशियों व वारों पर नहीं। दिलचस्प बात यह है कि नक्षत्रों पर आधारित उस समय के भविष्य कथन को भी प्राचीन भारत में प्रायः निन्दनीय ही माना जाता था।

प्राचीन बेबीलोन में शकुनकथनों का सम्बन्ध प्रमुखतः शासक, शासन और सैनिक हलचलों से होता था। ग्रह-नक्षत्रों पर आधारित व्यक्तिगत भविष्यकथन और राशिचक्र कुंडली का चलन बाद में हुआ। मेसोपोटामिया में सबसे प्राचीन जो जन्म-कुंडली मिली है वह 29 अप्रैल 410 ई०पूर्व को पैदा हुए एक बालक की है। उस समय तक बेबीलोन पर ईरान के हखामनी सम्राटों का शासन स्थापित

हो चुका था। प्राचीन भारत के गन्धार प्रदेश पर भी हखामनियों का शासन था। उसी समय से भारतीयों को बेबीलोन ज्योतिष की जानकारी मिलने लग गई थी।

खगोलशास्त्र के सुप्रसिद्ध विद्वान श्री वी०पी० जैन के मतानुसार–"अब हम भारत में खगोल विज्ञान की उत्पत्ति एवं इतिहास की ओर अपना ध्यान केन्द्रित करते हैं। ग्रीक दार्शनिक एवं खगोलज्ञ से भी काफी पुराना इसका इतिहास है। यहाँ इस विज्ञान का अच्छा विकास हुआ था, इसकी गहन जानकारी थी, विशुद्ध गणनाएँ की जाती थीं तथा वेध की सुगम विधियाँ (बिना दूरदर्शी के भी) विकसित की गई थीं। परन्तु विदेशियों के आक्रमण के बाद यहाँ के पुस्तकालयों को जलाया गया, बुद्धियुक्त अन्वेषण को दबाया गया; इसलिए विशेषकर पिछली तीन शताब्दियों के प्रायोगिक वेध में हम काफी पिछड़ गये। वाल्मीकि के 'आदि रामायण' में दशरथ द्वारा यह कहा गया था कि राम का अभिषेक शीघ्र कर दिया जाए क्योंकि उनके लिए राहु की मारक दशा का प्रारम्भ होनेवाला था। तब महर्षि वशिष्ठ कुल पुरोहित ने अभिषेक के लिए पुष्यमी नक्षत्र में शुभ मुहूर्त निकाला। चूँकि राम का जन्म पुनर्वसु नक्षत्र (कर्क लग्न) में हुआ था इसलिए पुष्य नक्षत्र पुनर्वसु के द्वितीय होने के कारण शुभ माना गया। राम-रावण युद्ध अमावस्या को प्रारम्भ किया गया था क्योंकि युद्ध प्रारम्भ करने के लिए अमावस्या को अच्छा माना जाता था। यह युद्ध शुक्ल पक्ष की दसवीं तिथि को रावण के वध के साथ समाप्त हुआ। आज भी नवरात्र तथा विजया दशमी एक निश्चित मास (आश्विन) से प्रारम्भ कर मनाया जाता है। महाभारत का युद्ध भी अमावस्या से प्रारम्भ किया गया था। युद्ध प्रारम्भ होने से एक दिन पहले श्रीकृष्ण ने पितृ तर्पण किया था। ऐसा अयनांश गणना में भिन्नता को पूरा करने के लिए किया गया था।

हमारे यहाँ खगोलशास्त्रीय गणनाओं/मान्यताओं की परम्परा चली आ रही है तथा इसी पर आधारित है ज्योतिषशास्त्र। दोनों (खगोलशास्त्र एवं ज्योतिषशास्त्र) का अटूट (अभिन्न) सम्बन्ध है। ऐसे एक भी ज्योतिषी की कल्पना नहीं की जा सकती थी जो खगोल का ज्ञान न रखता हो। इसी प्रकार एक खगोलशास्त्री भी ज्योतिषी होता था। दोनों विद्या शरीर एवं आत्मा की तरह अभिन्न थे। भागवत पुराण में, श्रीकृष्ण के जन्म के समय सभी ग्रहों की स्थितियों का वर्णन है। महाभारत युद्ध के समय कौरव एवं पांडवों के महारथी श्री भीष्म पितामह ने अर्जुन के बाणों द्वारा पूरा शरीर बिंधा होने के बावजूद, तब तक प्राण नहीं त्यागे जब तक सूर्य उत्तरायण में नहीं आ गया, क्योंकि उत्तरायण में प्राण छोड़ना शुभ माना जाता था। उत्तरायण शिशिर संपात (जो आजकल 22 दिसम्बर के बाद पड़ता है) से प्रारम्भ होता है।

उपर्युक्त उदाहरणों से यह स्पष्ट है कि प्राचीन काल से हमारे देश में दिव्य

विद्या—ज्योतिषशास्त्र का गम्भीर ज्ञान उपलब्ध था। ज्योतिष शास्त्र वह विज्ञान था जो ज्योति अर्थात प्रदर्शित ग्रह/आकाशीय पिंडों का ज्ञान कराता था।

प्राचीन काल में विद्वान ऋषि/गुरुओं के आश्रम में योग विद्या एवं अन्वेषण द्वारा प्रत्येक शास्त्रों का गहन अध्ययन/अध्यापन किया जाता था। यह अध्ययन काफी गहराई से किया जाता था तथा कई दशाब्दियों तक चलता था। सत्य को सूत्रों एवं सूक्तियों के द्वारा हृदयंगम किया जाता था। ग्रन्थों को हाथ से पत्तों आदि पर लिखा जाता था। इसीलिए प्राचीन काल के ग्रन्थ उपलब्ध नहीं हैं परन्तु वह ज्ञान विद्वानों द्वारा पीढ़ी-दर-पीढ़ी हम तक पहुँचा है।

अब हम देखें कि भारतीय खगोलशास्त्र के स्रोत क्या हैं तथा कौन से विद्वान इस क्षेत्र में हुए हैं। सूर्य सिद्धान्त प्राचीन सिद्धान्तों में से एक है जो हम तक पहुँचा है। वाराह मिहिर (एक विख्यात ज्योतिषी) ने भी सूर्य सिद्धान्त की टीका लिखी थी। कुछ लोगों ने वाराह मिहिर का काल ई० सन् 550 माना है। वाराह मिहिर ने अपने 'पंच-सिद्धान्तिका' नामक ग्रन्थ में आर्यभट्ट-प्रथम (ई० 499) के बारे में लिखा है। कुछ लोग वाराह मिहिर को उज्जैन के विक्रमादित्य का दरबारी मानते है। सभी को ज्ञात है कि विक्रम संवत ई०पू० 57 सन् से प्रारम्भ होता है। (शक संवत् ई० सन् 78 से प्रारम्भ होता है।)

भारतीय खगोलशास्त्र सम्बन्धी महत्वपूर्ण सिद्धान्त विभिन्न ऋषियों के दिव्य ज्ञान पर आधारित माना गया है। कुछ प्रमुख सिद्धान्त इस प्रकार हैं—

1. सूर्य सिद्धान्त
2. पितामह सिद्धान्त
3. व्यास सिद्धान्त
4. वशिष्ठ सिद्धान्त
5. अत्रि सिद्धान्त
6. पराशर सिद्धान्त
7. कश्यप सिद्धान्त
8. नारद सिद्धान्त
9. गर्ग सिद्धान्त
10. मरीचि सिद्धान्त
11. मनु सिद्धान्त
12. अंगिरा सिद्धान्त
13. लोमश सिद्धान्त
14. पौलिश सिद्धान्त
15. च्यवन सिद्धान्त
16. यवन सिद्धान्त
17. भृगु सिद्धान्त
18. शौनक सिद्धान्त

आधुनिक सिद्धान्त—ज्ञान कोष 'शब्द-कल्पद्रुम' में नौ शोधग्रन्थों का वर्णन है जो सिद्धान्त के नाम से जाना जाता है। ये हैं—ब्रह्म, सूर्य, सोम, बृहस्पति, गर्ग, नारद, पाराशर, पुलस्त्य और वशिष्ठ सिद्धान्त। इनमें उपर्युक्त सिद्धान्तों की सूची के क्रमांक 1, 4, 6, 8, 9 की पुनरावृत्ति है। इनके स्रोत, काल एवं वास्तविक लेखक के बारे में काफी अनुसन्धान की आवश्यकता है। अपर्याप्त इतिहास के परिप्रेक्ष्य में तथा जब तक अधिक जानकारी उपलब्ध होती है, हम इन सिद्धान्तों को चार

श्रेणियों में बाँट सकते हैं। प्रथम श्रेणी में उन सिद्धान्तों को रख सकते है जिनके लेखक के बारे में कुछ ठीक से ज्ञात नहीं है, जो अति प्राचीन हैं तथा जो वास्तव में रहस्य को उजागर करनेवाले सिद्धान्त प्रतीत होते हैं। इस श्रेणी में ब्रह्म, सूर्य, सोम, बृहस्पति एवं नारद सिद्धान्तों को रख सकते हैं।

(क) **सूर्य सिद्धान्त**—प्रथम श्रेणी के सिद्धान्तों में सर्वोपरि है। यह न सिर्फ अति प्राचीन है बल्कि, इसके अलग-अलग अनुवाद एवं संस्करण उपलब्ध हैं। कहा जाता है कि सूर्य देवता ने मय नामक असुर को इस रहस्य का ज्ञान दिया था। इसका समय सन् 2163102 ईसा पूर्व (सूर्य सिद्धान्त के प्रथम अध्याय का श्लोक संख्या 2-9 को देखें) माना जाता है। सूर्य सिद्धान्त क़ो तीन काल-खंडों में बाँट सकते हैं। वाराहमिहिर से पूर्व इसका प्राकृतिक (original) रूप; वाराहमिहिर द्वारा इसमें अधिकेन्द्रित सिद्धान्त (Epicydic theory) को जोड़कर रूपान्तरित करना, तीसरा बाद में इसका रूपान्तरण एवं परिवर्तन। टीकाकार रंगानाथ ने इसे और अधिक परिवर्तन से बचाया तथा टीका लिखी। इसे आधुनिक सूर्य सिद्धान्त कह सकते हैं। इसका अनुवाद तथा टीकाएँ आज भी उपलब्ध हैं।

(ख) ब्रह्म सिद्धान्त—यह विष्णुधर्मात्तारा पुराण का एक अंग माना जाता है, जो स्वयं लुप्तप्राय है। ब्रह्मा ने नारद को इसका रहस्य बताया था, ऐसा मानते हैं।

(ग) सोम (चन्द्र) सिद्धान्त—यह विष्णुधर्मात्तारा पुराण का एक अंग माना जाता है। इसकी एक हस्तलिपि बर्लिन के पुस्तकालय में है। (Wber Catalogue NO. 840)

(घ) बृहस्पति सिद्धान्त—देवताओं क़े गुरु, बृहस्पति ने इसे उद्घाटित किया है, ऐसा मानते हैं। इसकी प्रति कहीं उपलब्ध नहीं है, परन्तु खगोल शास्त्र में कई भारतीय टीकाओं/उल्लेखों में इस सिद्धान्त का आधिकारिक रूप से उदाहरण दिया गया है।

(ङ) नारद सिद्धान्त—खगोलशास्त्र की कुछ टीकाओं/उल्लेख में इस सिद्धान्त के बारे में उदाहरण दिया गया है। अन्यत्र यह उपलब्ध नहीं है। तथापि बर्लिन के पुस्तकालय में (Wber Catalogue No. 862) नारद संहिता नामक ज्योतिषशास्त्र का एक ग्रन्थ उपलब्ध था।

दूसरी श्रेणी में हम गर्ग, पराशर, व्यास, पुलत्स्य एवं वशिष्ठ जैसे पुरातन एवं सुविख्यात ऋषियों के कार्यों को रख सकते हैं। इनमें से अन्तिम नाम (वशिष्ठ) उन सप्तऋषि (जिनके आधार पर एक नक्षत्र का नामकरण हुआ है) में से एक है।

(क) गर्ग सिद्धान्त—उपलब्ध नहीं है। केवल खगोलशास्त्र में कुछ पुस्तकों में इसका उल्लेख मिलता है।

(ख) **व्यास सिद्धान्त**—उपलब्ध नहीं है।

(ग) **पराशर सिद्धान्त**—'आर्य सिद्धान्त' के द्वितीय अध्याय में इस सिद्धान्त का एक खंड मिलता है। तथापि 'बृहत पराशर'! (ज्योतिष की एक परम्परा का सन्दर्भ ग्रन्थ) नामक ग्रन्थ मैकेजी संग्रह (विल्सन कैटेलाग ;पद्ध 120) में उपलब्ध था।

(घ) **पुलत्स्य**—उपलब्ध नहीं है। इसे कभी-कभी गलती से पौलिश सिद्धान्त समझ लिया जाता है जो कि आर्यभट्ट के समय का एक ग्रीक खगोलशास्त्री था।

(ङ) **वशिष्ठ सिद्धान्त**—इसकी प्रणाली भी सूर्य सिद्धान्त से मिलती-जुलती है। इसके नाम का सन्दर्भ कोटमब्रुक्स एवं वेन्टले नामक वैज्ञानिकों के कई शोध प्रबन्धों में आया है। विष्णु चन्द्र का एक संकलन इस सिद्धान्त एवं आर्यभट्ट के कार्यों पर आधारित है। बृहत् वशिष्ठ सिद्धान्त मैकेन्जी संग्रह (विल्सन कैटेलाग (i) 121) में था।

तीसरी श्रेणी में हम बाद के इन ग्रन्थकारों के द्वारा प्रतिपादित सिद्धान्तों को रख सकते हैं—आर्यभट्ट, वाराहमिहिर, ब्रह्मगुप्त, रोमक सिद्धान्त।

(क) **आर्य सिद्धान्त**—आर्यभट्ट 1 (499 ई०) की प्रमुख प्रस्तुति थी—'आर्य अष्टक-शतः' (800 श्लोक) तथा 'दश गीतिका' (10 सर्ग) बर्लिन लाइब्रेरी में 'दश-गीतिका' पर एक टीका (बेबर सं. 834) की प्रति उपलब्ध थी। बेन्टली ने दो शोध ग्रन्थ लिखे थे जिनके नाम थे—'आर्य सिद्धान्त' तथा लघु आर्य सिद्धान्त।

(ख) **वाराह सिद्धान्त**—वाराह मिहिर (550 ई०) ने 'पंच-सिद्धान्तिका' (5 खगोलीय सिद्धान्तों का संकलन) नामक महान खगोलीय ग्रन्थ लिखा था जो ब्रह्म सूर्य पौलिश, वशिष्ठ एवं रोमक सिद्धान्तों पर आधारित था। इस सिद्धान्त की पुस्तक उपलब्ध नहीं है, परन्तु वाराहमिहिर की अन्य ज्योतिशास्त्र सम्बन्धी पुस्तकें उपलब्ध हैं।

(ग) **ब्रह्म सिद्धान्त**—ब्रह्मगुप्त (628 ई०) द्वारा प्रतिपादित। इसका पूर्ण नाम 'ब्रह्म-स्फुट' सिद्धान्त है। कोलब्रुक एवं बेन्टले के पास इसकी प्रति उपलब्ध थी। भास्कर (1150 ई०) द्वारा रचित 'सिद्धान्त शिरोमणि' इसी पर आधारित थी। ब्रह्मगुप्त की अन्य महत्वपूर्ण रचना 'खंडकाध्याका' थी।

(घ) **रोमक सिद्धान्त**—कोलब्रुक ने इसका श्रीसेना नामक लेखक से सम्बन्ध बताया है तथा यह आंशिक रूप से वशिष्ठ सिद्धान्त पर आधारित है। वाराह मिहिर के पांच सिद्धान्तिका में भी इसका उल्लेख आया है।

चौथी श्रेणी में हम ज्ञात समय के कुछ सन्दर्भग्रन्थों एवं इनके रचनाकार को रख सकते हैं। इनमें से कोई मूल कृति नहीं है, वरन् अधिकतर में पहले के सिद्धान्तों पर आधारित संग्रह, संकलन टीकाएँ एवं उद्धरण आदि ही हैं। इनमें प्रमुख हैं—

(क) **सिद्धान्त शिरोमणि**—12वीं शताब्दी (1150 ई०) के भास्कराचार्य इसके

रचयिता थे। ब्रह्मगुप्त (628 ई०) का ब्रह्म सिद्धान्त इसका आधार है। यह एक महत्वपूर्ण सन्दर्भ ग्रन्थ है तथा इसका उदाहरण प्रायः दिया जाता है।

(ख) भोज सिद्धान्त—ईसा की 10-11वीं शताब्दी के धार के राजा भोज के समय में इसका प्रकाशन हुआ था।

(ग) सिद्धान्त सुन्दरा—यह ईसा की 16वीं शताब्दी में ज्ञान राजा द्वारा लिखा गया।

(घ) ग्रह-लाघव—गणेश दैवज्ञ (1520 ई०) द्वारा रचित एक सम्मानित शोध ग्रन्थ है।

(ङ) सिद्धान्त तत्व-विवेक-कमलाकर (1620 ई०) द्वारा रचित।

(च) सिद्धान्त सारभौम-सूर्य सिद्धान्त के टीकाकार रंगनाथ के पुत्र मुनीश्वर ने इसकी रचना की थी।

(छ) उपर्युक्त ग्रन्थों में से आधुनिक काल में जिन सिद्धान्तों के प्रकाशन उपलब्ध हैं वे हैं—रंगनाथ की सूर्य सिद्धान्त पर टीका, सिद्धान्त शिरोमणि तथा ग्रह लाघव। इनकी प्रतियों को अधिक लोगों के लिए उपलब्ध करने का प्रयत्न करना चाहिए। 16वीं शताब्दी के बाद की कुछ अन्य छोटी-छोटी रचनाएँ भी उपलब्ध हैं।

उपर्युक्त ऐतिहासिक विवेचन में, कुछ अन्य महत्वपूर्ण खगोलशास्त्री विद्वान लेखकों के नाम छूट गए हैं जिनका संक्षिप्त परिचय इस प्रकार है—

नाम	**उनके कार्य**
लाटदेव (आर्यभट्ट के शिष्य)	रोमक तथा पौलिश सिंद्धान्त के व्याख्याकार
लल्ल (748 ई०)	शिष्य अधिवृद्धिदा
मंजुला (932 ई०)	लघुमानस तथा ब्रह्म मानस
श्रीपति (1028 ई०)	सिद्धान्त शेखर

सूर्य सिद्धान्त के अनुसार समय (काल) गणना का खगोलशास्त्रीय आधार महायुग को माना गया है जो चार युगों में विभक्त है—सत्य या कृत्य, त्रेता, द्वापर एवं कलियुग। एक महायुग 4,320,000 सौर वर्ष का होता है और इसे 4 : 3 : 2 : 1 के अनुपात में चार युगों में बाँटा गया है। कलियुग सबसे कम, अर्थात 4,32,000 वर्षों का है। महायुग का महत्व इसलिए है कि इस काल में सभी ग्रह, पात (Nodes) युतियों का अधिकेन्द्र इस काल में एक चक्र पूरा करते हैं तथा सारा क्रम फिर दुबारा उसी स्थान से नये सिरे से प्रारम्भ होता है।

इन समस्त तथ्यों से यही ध्वनित होता है कि ज्योतिष शास्त्र का उदय मानवीय संस्कृति के इतिहास एवं विकास से ही सम्बद्ध है। विभिन्न युगों एवं कालखंडों में इसका प्रारूप एवं विधि-विधान अवश्य बदलता रहा है।

दूसरा अध्याय

आस्था के चरण
ज्योतिष का स्वरूप
कर्मवाद और ज्योतिष
ज्योतिष और अन्तर्ज्ञान
पश्चिमी विद्वानों की धारणा
ज्योतिष और अद्वैत
ग्रह और वंशानुक्रम
आधुनिक चिकित्सा और ज्योतिष
सूर्य की गरिमा

आस्था के चरण

भारतीय जनजीवन में ज्योतिष शास्त्र का विशेष महत्व है। ज्योतिष विद्या है या कला या फिर विज्ञान—यह विषय सुधी विद्वानों में पर्याप्त चर्चा का रहा है। ज्योतिष क्या है? इस सम्बन्ध में ज्योतिष के प्रकांड पंडित डॉ० बी०वी० रामन लिखते हैं—कुछ लोग इसके लक्षण 'तारों की विद्या' बताते हैं। इतर यह कहते हैं कि यह एक कला है, जिससे मनुष्य का भविष्य जाना जा सकता है। इसकी परिभाषा यों भी की जा सकती है कि यह "ग्रहयोगों के प्रकाश में, व्यक्तियों और जातियों, दोनों की अतीत प्रवृत्तियों और भावी कर्मों का पता लगाने और विश्लेषण करने का शास्त्र है।" ज्योतिष-विद्या ग्रहों की गतियों (अथवा प्रान्दोलनों) के प्रति जीवन की प्रतिक्रियाएँ बताती है। संस्कृत में इसे 'होरा-शास्त्र' अथवा 'ज्योतिष' अथवा 'काल-विज्ञान' कहते हैं। ये सब परिभाषाएँ इस विषय का ठीक ठीक भाव अभिव्यक्त नहीं करतीं। यह एक वैज्ञानिक विषय से बहुत बढ़कर है। यह विज्ञानों में भी

परम-विज्ञान है, जो कि सब प्रकार के ज्ञान की कुंजी है। यही वह ज्ञान है, जो मनुष्य को प्रकृति-माता से सम्बद्ध करता है और यह निर्धारित करता है कि जीवन में अनुशासन और व्यवस्था का अधिराज्य है, एवं आकस्मिकता तथा यदृच्छा का कोई स्थान नहीं। आकाश-स्थित पिंडों में सबसे अनुपम विलक्षणता उनके परिभ्रमणों में उच्च कोटि की व्यवस्था का अस्तित्व है। ऐसी अवस्था में, क्या पृथिवी पर, अथवा उस पर घटनेवाली घटनाओं में, उच्छृंखलता रह सकती है? ज्योतिष ने यह उत्तर दिया है कि आकाश-मंडल की सुव्यवस्था और भौमिक घटनाओं को आमने-सामने रख (juxtapose) कर, भविष्यवाणी कर सकने की सम्भवता में कोई सन्देह नहीं रह जाता। जब एक प्रत्यक्ष प्रभाव किसी कारण का फल है, तो ज्योतिष उसे मापने का प्रतीक बन जाता है। किसी कारण का प्रभाव ही तो उन विशेष श्रेणी की संज्ञाओं द्वारा अभिव्यक्त किया जाता है, जिन्हें हम 'ग्रहों का प्रभाव' कहते हैं।

'ज्योतिष के अनुभूत रहस्य' पुस्तक के रचयिता श्री पवन चन्दौलिया ज्योतिष एवं कर्मवाद के सन्दर्भ में लिखते हैं—ज्योतिष शास्त्र को लोग एक विज्ञान, पराविज्ञान सिद्ध करना चाहते हैं—किसलिए? यह तो स्वयंसिद्ध है। यह वह मानव शास्त्र है जिसके एक-एक शब्द में एक-एक रचना है—एक भाषा है। 'विज्ञान' एक ऐसा ही शब्द है। एक प्रक्रिया है अध्ययन की, मनन की। यह कुछ सिद्धान्तों पर आधारित है। प्रयोगात्मक परीक्षण उपरान्त जो भी स्वर उभरता है वह एक नियम बन जाता है। ज्योतिष शास्त्र में ऐसी सैकड़ों भाषाएँ हैं। हर पृष्ठ पर हजारों नियम-उपनियम हैं, फिर किसलिए हम इसे विज्ञान सिद्ध करने पर बहस करें। तथाकथित लोग इसी के नियम-उपनियमों पर परीक्षण आदि करते हैं और उस नियम को प्रयोगात्मक कसौटी पर खरा उतरते देख आसमान सिर पर उठा लेते हैं। उस सिद्ध सूत्र को 'वैज्ञानिक' शब्द से अलंकृत किया जाता है। पाश्चात्य शैली का अनुसरण करनेवाले उन सूत्रों की शृंखला सँवारने में लगे रहते हैं—किसलिए! जो हमारा है, उसे एक खूबसूरत आवरण में लपेट कर हमें ही सौंपा जा रहा है और हम हैं कि आँखें मूँदे झोली फैलाए इसे स्वीकार कर रहे हैं।

ज्योतिष शास्त्र एक ऐसा शास्त्र है जिसका अध्ययन, मनन करने वाला प्रकृति के प्रत्यक्ष, अप्रत्यक्ष रूप का ऐसा चित्रण कर सकता है जैसा कि हमारी ज्ञान इन्द्रियाँ, अपनी समस्त शक्ति लगाकर भी नहीं कर सकती। ज्योतिष शास्त्र का ज्ञाता भूत, भविष्य तथा वर्तमान का सजीव चित्रण कर सकता है—यह अतिशयोक्ति नहीं—स्वाभाविक सत्य है। इस सत्य से बाल्यकाल ही में परिचय हो गया किन्तु इस महानतम शास्त्र के ज्ञान से एक उम्र गुजर जाने तक कोई परिचय नहीं हो सका। इस उत्सुकता एवं ज्ञान पिपासा को उस दिन एक किनारा मिला जब भारतीय ज्योतिष विज्ञान परिषद के प्रांगण में मेरे मानव का प्रवेश हुआ।

प्रत्येक शिक्षा सत्र में कुछ नए विषय जुड़ते गए लेकिन हर विषय के मूल में कर्म सिद्धान्त एवं जीवन का ही वर्चस्व रहा। अर्थात् हमने अपने गत जन्मों में जो कुछ भी संचय किया है—उसी संचित निधि का एक निश्चित भाग हमें प्रारब्ध के रूप में वर्तमान जीवन में मिला है। इसे इस प्रकार भी कह सकते हैं कि आपके जीवन में आनेवाले विभिन्न पड़ावों की रूपरेखा का रेखांकन पूर्व ही कर दिया जाता है।

श्री पवन चदौंलिया के अनुसार कई बार संयोग से ही भविष्यवाणियाँ सत्य सिद्ध हो जाती हैं, ऐसे में ज्योतिषी का शास्त्रज्ञान एक ओर धरा रह जाता है। चदौंलिया के शब्दों में—यदा कदा संयोग भी श्रेय का कारण बन जाते हैं। कभी-कभी ऐसे संयोग उन अशास्त्रज्ञ दैवज्ञो से फलादेश पूछते समय हो जाते हैं जिन्हें ज्योतिष सम्राट आदि अनेकानेक अलंकारों से महिमा मंडित किया गया होता है। उनकी बुद्धि एवं व्यक्तित्व पर प्रश्नचिह्न लगे होते हैं मगर कुछ सुखद संयोग ऐसे हो जाते हैं (प्रायः हो जाते हैं) कि शेष समस्त दोष गौण हो जाते हैं। साथ ही गौण हो जाता है वह कारण भी जो तथाकथित संयोग अथवा सिद्धि के मूल में होता है। प्रत्यक्ष रह जाता है तो मात्र वह भविष्य कथन अथवा फलित जो संयोग पर आधारित होता है।

ज्योतिष शास्त्र में 'सात' अंक के महत्व पर विचार व्यक्त करते हुए चदौंलिया लिखते हैं—इस त्रिगुणात्मक प्रकृति ने ही इस सप्तरंगी जीवन को स्थायित्व प्रदान किया है। इस सप्तरंगी आयाम के अन्तर्गत ही सप्ताह के सात दिन, सात महाद्वीप, सात महासागर, अणुओं की सात कक्षाएँ, शरीर के सात चक्र, सात गोत्रों के प्रतीक सप्तऋषि, सात छन्द, सरगम के सात सुर, ज्योतिष के मूलाधार सात ग्रह आदि आते हैं। इस तीन और सात के मध्य भटकता हुआ मानव, ब्रह्म और ब्रह्ममाया की ओर प्रयासरत, जीवन भर भागता ही रहता है।

संस्कृत के सुप्रसिद्ध विद्वान् एवं समाजसेवी डॉ० सम्पूर्णानन्द सुगम ज्योतिष प्रवेशिका (ले० पं० गोपेश कुमार ओझा) की भूमिका में लिखते हैं—आजकल नई शिक्षा पाए हुए लोगों में फलित ज्योतिष पर विश्वास प्रकट करने का चलन नहीं है। विश्वास रहता है, ज्योतिषियों से परामर्श भी लिया जाता है; परन्तु यह कहा नहीं जाता कि हम ज्योतिष पर विश्वास करते हैं। यह मानसिक दौर्बल्य है और इसने इस विषय के अध्ययन में बड़ी बाधा डाली है। जिस विषय का समर्थन वह समुदाय नहीं करता जो शिक्षित है और जिसके हाथ में अधिकार का सूत्र है, उसका अभ्यास ऐसे लोगों के हाथ में स्वभावतः चला जाता है जिनका एकमात्र उद्देश्य रुपया कमाना होता है। इसके लिए वह यजमान को धोखा देना बुरा नहीं समझते हैं। जब समाज खुलकर उनका आदर करने को तैयार नहीं है तो वह भी उसके प्रति अपने को दायी नहीं स्वीकार करते। यह दुर्व्यवस्था दूर होनी चाहिए। इस

बात की वैज्ञानिक ढंग से परीक्षा होनी चाहिए, और ऐसी परीक्षा करना कठिन नहीं है, क्योंकि ज्योतिष का सम्बन्ध परलोक से नहीं इहलोक से है—कि ज्योतिष की बातें कहाँ तक सच हैं। किसी एक आध व्यक्ति के जीवन में किसी ज्योतिषी की बताई हुई बात का घटित हो जाना पर्याप्त प्रमाण नहीं है।

श्री बालकवि वैरागी (पूर्व सांसद) ज्योतिष विद्या के प्रति गहन आस्था रखते हैं। उनके अनुसार—मैं ज्योतिष को एक शास्त्र से आगे बढ़कर विद्या मानता हूँ। शास्त्र के लिए अक्षर ज्ञान आवश्यक होता है। पठन-पाठन जरूरी है। विद्या के प्रतिमान सर्वथा अलग हैं। भारत साढ़े पाँच लाख गाँवों का देश है। आप देश में किसी भी गाँव में चले जाइए आपको वहाँ सर्वथा निरक्षर, सर्वथा अपठित व्यक्ति भी ज्योतिष विद्या के अध्ययेता और विद्यार्थी के रूप में मिल जाएँगे। ऋतु-शास्त्र, वास्तु शास्त्र, स्वप्न-शास्त्र और ज्योतिष शास्त्र के एक से एक विशेष भाष्य और भविष्य-कथन वे करते रहते हैं। भूजल के विशेषज्ञों और शकुन शास्त्रियों से भारत का ग्राम लोक भरा पड़ा है। वे किसी स्कूल, मदरसे या पाठशाला में नहीं गए। किसी आश्रम में नहीं रहे किन्तु उनका कहा फलित होता है ऐसा सभी मानते हैं। सच्चाई यह है कि ज्योतिष के बहाने हम अन्धविश्वास की अन्धी गुफा में स्वयं घुस जाते हैं। ज्योतिष हमें सावधान करता है, हमें चेतावनी देकर चैतन्य रखता है। आपसे पुरुषार्थ छीनता नहीं, परिश्रम से पीठ दिखाने का पाठ नहीं पढ़ाता। विधाता का लेख, प्रारब्ध और भवितव्य पर ही आश्रित रहने की प्रथा का समर्थन नहीं करता। कर्म का विरोध ज्योतिष ने कभी नहीं किया। वह कर्मठता का प्रतिपादक है।

अब तो ज्योतिष एक छलाँग और लगाता प्रतीत होता है। ज्योतिष कहता है कि मैं शास्त्र भी हूँ, विद्या भी हूँ, ज्ञान भी हूँ और विज्ञान भी हूँ। कोई मुझे माने या नहीं माने, मैं हूँ और रहूँगा। राजदरबारों से निकलकर आज मैं भारत के प्रत्येक ग्राम की धमनियों और शिराओं में प्रवाहित हूँ। शालाओं, चटशालाओं, पाठशालाओं, स्कूलों, कालेजों और विश्वविद्यालयों में मैं पढ़ाया जाऊँ या नहीं इस पर खूब बहसें कर लो किन्तु मेरे ज्ञाता और मुमुक्षु सर्वत्र उपलब्ध हैं। मैं एक अनन्त अध्ययन और विकास की सम्भावनावाला असीम ज्ञानोदधि हूँ। मेरा सहारा मत लो, मेरा बस इशारा लो। कोई मुझपर आश्रित नहीं रहे। आप अपना काम करें। मुझसे पूछोगे तो मैं जवाब अवश्य दूँगा। मैं न वाचाल हूँ न गूँगा। बुलावाओगे तो बोलूँगा वर्ना मुझे अपने आपसे ही अवकाश नहीं है।

ज्योतिष की विभिन्न धाराओं पर लिखी किताबों से आज हमारे पुस्तक भंडार भरे पड़े हैं। प्रत्येक पुस्तकालय में चहो वह सार्वजनिक हो या निजी, ज्योतिष की एकाध पुस्तक अवश्य मिल जाएगी। यह ज्योतिष की सशरीर उपस्थिति है। कलाइयों

पर कलावे, गले में गंडे-ताबीज, उँगलियों में अँगूठियाँ, तिथिवार पर निर्धारित रंगों के परिधान कहीं न कहीं हमें तन्त्र-मन्त्र और ज्योतिष से जुड़े रहनेवाले की पहचान देते हैं।

यदि आप इसे शास्त्र मानते हैं तो विनय भाव से इसे पढ़ें। इसे यदि आप विद्या मानते हैं तो विनीत होकर ग्रहण करें। अगर आपकी मान्यताओं में यह ज्ञान है तो इसे मुमुक्षु की तरह प्राप्त करें और यदि आपकी नजर में यह विज्ञान है तो इसके अनन्त विकासशील चरित्र से अपना तालमेल बैठाएँ। ब्रह्मांड के अनगिनत ग्रहों, नक्षत्रों, उल्कापिंडों और खगोलीय गर्भों का यह अरब-खरब अकूत आकर्षक भंडार सभी के लिए खुला है। आपका स्वागत है।

मानव जो कुछ बीजता है कालान्तर उसे ही काटता है। कर्मवाद की यही अवधारणा ज्योतिष शास्त्र का ठोस आधार है। जातक की जन्मकुंडली उसके अतीत पर आधारित भविष्य कथन का मानचित्र है। डॉ० बी०वी० रामन के अनुसार, "ज्योतिष, कर्मवाद आदि के सम्बन्ध में बहुत से भ्रम और मिथ्या विचार फैले हुए हैं, जिनका कारण कुछ तो अज्ञान है, कुछ उदासीनता, और सबसे बढ़कर मन में पहले से बसी हुई बातें हैं।

ज्योतिष-शास्त्र के पास सबसे प्रबल हथियार अपेक्षावाद (relativity) है; इस शास्त्र का मूलाधार यह तथ्य है कि सूर्य से लेकर बड़े बड़े ग्रहों तक, और एक ग्रह से दूसरे तक, एक प्रकार की आकाश व्यापी (ethereal) तरंगें फैली हुई हैं। जिस वस्तु को हम अन्तरिक्ष कहते हैं, वह वास्तव में एक प्रकार का जाल-सा है, जिसमें विभिन्न शक्तियाँ एक दूसरी को प्रभावित कर रहीं, और स्वयं प्रभावित हो रही हैं। इन परस्पर प्रक्रियाशील शक्तियों का तन्तु-जाल ही यह स्थल (space) है।

मैंने यह सिद्ध करने का यत्न किया है कि कर्मवाद की कल्पना मनुष्य की तृष्णापूर्ति के लिए घड़ा गया एक ढकोसला नहीं है; यह गम्भीर चिन्तन और मनन की उपज है, जिसकी आधारशिला कारण-कार्य, अथवा हेतु-हेतुमत्, का नियम है, जो कि भौतिक आविर्भूतियों (physical phenomena) में स्पष्ट दृष्टिगोचर होता है। मैंने बर्ट्रेण्ड्-रस्सल्, युङ्, प्लङ्क्, हाईसन्-बर्ग, बोर् और एडिङ-टन् के उद्धरण देकर दर्शाया है कि आधुनिक विचार उस वास्तविकता की ओर अग्रसर हो रहे हैं, जो भारतीय मनीषियों ने सहस्रों वर्ष पूर्व खोज ली थी। वस्तुतः मैंने पूर्व काल से चलती आई विचार-परम्परा को आधुनिक विचारों के साथ मिलाने की चेष्टा की है। देश, काल, भौतिक पदार्थ और ब्रह्मांड के विषय में नवीन मन्तव्यों ने यह उजागर कर दिया है कि ज्योतिष-शास्त्र उस सम्बन्ध को सूचित और प्रदर्शित करता है, जो मनुष्य के चेतन 'अहं' और प्रकृति में विद्यमान है।

कोई भी वैज्ञानिक-पंडित यह मानने को उद्यत नहीं, कि ज्योतिष से सम्बन्ध रखनेवाली नाना समस्याओं की जाँच-पड़ताल उन तथ्यों की सहायता से की जानी चाहिए, जिनके सच होने का निर्णय हो चुका है; उनके विषय में निराधार बातें बनाना और उनकी व्यर्थ निन्दा करना, उनके सुलझाने की ठीक विधि नहीं है। पर यह बात तो हमारे वैज्ञानिक विरोधियों को अपने स्वभाव के प्रतिकूल प्रतीत होगी। जैसे कि डॉक्टर रिचर्ड गार्नेट ने लिखा था, "निर्मूल तर्क-वितर्क की अपेक्षा तथ्यों को समझना और प्रकृति की आँखें खोलकर देखभाल करना, अधिक आवश्यक है। ज्योतिष के विरुद्ध जो भी युक्तियाँ दी जाती हैं, उनकी पड़ताल करने से पता चलता है कि आपत्ति करनेवाले लोग सच्ची बातों को मानते हुए भी हिचकिचाते हैं और सर्वथा अवैज्ञानिक मनोवृत्ति का परिचय देते हैं।"

आज ज्योतिष का गम्भीरतापूर्वक अध्ययन करने की इच्छा शिक्षित लोगों की बहुत भारी संख्या में उत्पन्न हो चुकी है। फिर भी कुछ 'वैज्ञानिक' कहलाने वाले और कुछ सामाजिक कार्यकर्ता ऐसे हैं, जो सम्भवतः इस प्रकार बातें बताएँ, मानो ज्योतिष जघन्य मूढ़ता है, और वे जीव दयनीय दशा में हैं, जो पुरातन काल से इसमें आस्था रखते आए हैं और अब भी रखते हैं। कट्टरपंथी वैज्ञानिकों ने ज्योतिष को अभी तक इसलिए नहीं अपनाया कि उनके मस्तिष्क में यह बात घर किए हुए है कि ज्योतिष के नियम गम्भीरतापूर्वक विचार किए जाने योग्य ही नहीं हैं, और यह आशंका भी उनके मन में प्रतीत होती है कि ज्योतिष को मान लेने से उनका अपना महत्त्व क्षीण हो जाएगा।

ज्यों ज्यों वैज्ञानिक खोज के क्षेत्र में नवीनता और औत्सुक्य का अंश घटता जाता है, और भौतिक क्षेत्र में नए नए सम्बन्ध (जिन पर खोज की जा सकती थी), निरन्तर अल्पसंख्यक होते जा रहे हैं, त्यों त्यों और गहरे और सूक्ष्मतर सम्बन्धों पर ध्यान देने की आवश्यकता अनिवार्य होती जा रही है। कारण यह कि मनुष्य एक यान्त्रिक गाड़ी नहीं है। उसके अन्दर स्वतन्त्रतापूर्वक संकल्प करने की योग्यता तथा बुद्धि है। ज्योतिष, और इसके विश्वव्यापी उपयोग, खोज का एक ऐसा क्षेत्र है, जिसका विस्तार अनन्त है और जो अन्वेषक उपरि-स्तर से अधिक गहराई तक नहीं जा सकते, उन्हें इसका कुछ ज्ञान प्राप्त नहीं हो सकता।

प्राचीन भारतीय धर्मशास्त्र की मान्यता है कि हमारे ऋषियों ने अन्तर्ज्ञान द्वारा ज्योतिष सम्बन्धी तथ्यों का रहस्य प्राप्त किया है।

"ऋषियों के पास एक बहुत सूक्ष्म, विश्वसनीय और व्यापक साधन था, जिससे प्राकृतिक आविर्भूतियों का निरीक्षण किया जा सकता है। वह साधन योग, अर्थात चतुराशा-व्यापी चैतन्य (four dimensional consciousness) के साथ काम करने की योग्यता थी। इसी के बल पर वे सूक्ष्म-मापक और दूर-दर्शक यन्त्रों के

बिना ही इस विश्व के सम्बन्ध में सब बातें जान सकते थे, उन्हें माप और तोल सकते थे, एवं उनका वर्गीकरण कर सकते थे।"

मन की एकाग्रता से जो अमूल्य फल प्राप्त किए जा सकते हैं, वह प्रयोगशाला के उपकरणों से नहीं मिल सकते, यदि काम करने वाले के मन में अन्तर्ज्योति (स्वज्ञा) और आभ्यान्तरिक विकास (intuition and internal development) की शक्ति न हो। ब्रह्मांड के विषय में आइंस्टीन और एडिंटन ने जो कुछ कहा है, और मनुष्य का उसके साथ क्या सम्बन्ध है, इस विषय में उन्हें अभी जो कुछ और कहना है, वह महर्षिगण पहले ही कह गए हैं। उनके निष्कर्ष न तो प्रेतनिष्ठामूलक (animistic) हैं, न यन्त्रात्मक (mechanical) और न ही गणितमूलक (mathematical)। भौतिक संसार की बनावट को समझने और बूझने का यत्न करते समय वैज्ञानिकों का ध्यान अपने गणित के सूत्रों में ही उलझा रहता है। किन्तु ऋषियों की दृष्टि से अज्ञात कही जानेवाली वे शक्तियाँ भी ओझल नहीं रह सकीं, जो भौतिक आविर्भूतियों (material phenomena) के पीछे अदृश्य रूप से विद्यमान हैं। उन्होंने इस महान तथ्य को पा लिया था, कि मनुष्य सारे संसार का प्रतिबिम्ब है, और इसमें समस्त संसार की झलक पाई जाती है। इसी मौलिक सत्य को अवगत करने अथवा समझने की कुंजी ज्योतिष है।

वैज्ञानिक लोग बाह्य-प्रकृति (external nature) सम्बन्धी अपना मत तथा विचार बिन्दु समय समय पर परिवर्तित करते रहे हैं, और उन्होंने देश, काल और द्रव्य के विषय में विचित्र कल्पनाएँ घड़ने के पश्चात हिन्दु दर्शनशास्त्र के क्षेत्र में पर्दापण किया है। अपितु मनो-वैज्ञानिको को भी इस बात का आभास होता जा रहा है, कि अन्तःकरण स्वयं भी बाहरी संसार को प्रभावित कर सकता है। यह रहस्य तथोक्त वैज्ञानिक विद्या के उदय होने से बहुत पूर्व हिन्दुओं को विदित हो चुका था। वैज्ञानिक जहाँ भी दृष्टिपात करता है, उसे जीवन के रहस्यों से दो-चार होना पड़ता है, और फलतः वह अन्धकार में टिटोलता हुआ वहीं का वहीं रह जाता है। जब तक वह ज्योतिष की महत्ता को नहीं मानता, उसके लिए यह मौलिक समस्या सदा रहस्य ही बनी रहेगी, कि मनुष्य क्या है, और संसार में उसका क्या स्थान है। ज्योतिष-विद्या उस सम्बन्ध को ध्यान में रखती है, जो मनुष्य और विश्व-ब्रह्मांड के बीच विद्यमान है।

पश्चिम के कतिपय दार्शनिकों ने भी ज्योतिष शास्त्र की वैज्ञानिकता पर विश्वास प्रकट किया है। गटे (Goethe) तो ज्योतिष के सिद्धान्त और प्रयोग के विषय में सुनिश्चित शब्दों में अपना मत प्रकट करते हैं। अपनी 'आत्मकथा' का आरम्भ उन्होंने इस प्रकार किया है—"मैंने फ्रंखफोर्ट-ऑन-दि-मेन (Frankfort on the Maine) नामक स्थान पर, 27 अगस्त, 1746 खरीष्टाब्द को, मध्याह समय,

जब कि घड़ी ने बारह बजाये, इसे संसार में पर्दापण किया। तारों की दृष्टि शुभ थी; सूर्य देव कन्याराशि में विराजमान थे, एवं उस दिन की अति-भूमि को प्राप्त हो चुके थे। शुक्र और बृहस्पति 'मित्रस्य-चक्षुषा' अवलोकन कर रहे थे और बुध भी शत्रु दृष्टि नहीं रखते थे। शनैश्चर और मंगल की स्थिति सम (तटस्थता की) थी। अकेले चन्द्रमा, जो कि पूर्णिमा में थे और भी अधिक शक्ति लगा रहे थे, क्योंकि उनका विरोध ठीक अपनी ग्रह-घड़ी को पहुँच चुका था। इसलिए उन्होंने मेरे जन्म को रोके रखा, और जब तक वह घंटा व्यतीत नहीं हो गया, जन्म नहीं हुआ। यही शुभ दृष्टियाँ, जिन्हें ज्योतिषियों ने पीछे से मेरे पक्ष में बहुत शुभ बताया मेरे सुरक्षण का कारण हुई होंगी।''

इसी प्रकार लॉरेंस जे० बंण्डिट, जो कॅम्ब्रिज विश्वविद्यालय के एम०डी० हैं तथा फीबे डी० पेन् यों युक्ति देते हैं कि–''हमें या तो इस तथ्य से सहमत होना होगा, कि एक ज्योतिषिक का किसी व्यक्ति को बिना देखे उसके ज्योतिषिक मानचित्र को असाधारण शुद्धता से वाच सकना, केवल मात्र मानसिक शक्ति, अथवा अन्तर्दृष्टि पर निर्भर है। और नहीं, तो हमें एक ऐसे रहस्य से दो-चार होना पड़ेगा, जो इस प्रश्न की गहराई तक जा पहुँचता है कि मनुष्य का उस प्रत्यक्षतः वस्तुमय (seemingly objective) जगत् के साथ क्या लगाव है, जिसकी झाँकी, या तो आकाश में मिलती है, या दैनिक सम्पर्क के सुपरिचित सांसारिक क्षेत्र में। तो भी यह तथ्य बना रहता है, कि बड़े-बड़े रूढ़िनिष्ठ मनो-वैज्ञानिक भी, जिनमें से कई एक के मन में इन 'प्रत्यक्षतः अपरूप धारणाओं' के विरुद्ध विद्वेष-भावना भरी होती है, यह मानने पर विवश हो गए हैं, कि एक कुशल ज्योतिषिक उस व्यक्ति के गण (type) और योग्यता का अनुमान करने में बहुत अमूल्य सिद्ध हो सकता है, जिसका जन्म-पत्र उसने बनाया है। उदाहरणार्थ, वह इस प्रकार की बातों के सम्बन्ध में भविष्यवाणी कर सकता है, कि आया दो व्यक्तियों का विवाह सुखमय होने के लक्षण हैं, वा दुःखमय होने के, विवाह उत्पादक सिद्ध होगा अथवा निराशाजनक अथवा शेष जीवन में कोई संकटमय अवस्था आनेवाली तो नहीं, और (यदि है, तो) वह व्यक्ति विशेष कैसे डटकर उसका सामना कर सकता है।''

शेक्सपियर (Shakespeare) ने स्वज्ञा से ही (intuitively) धूमकेतुओं के प्रकट होने की सार्थकता को अवगत कर लिया होगा, जैसा कि इन पंक्तियों से ध्वनित होता है–

''भिखारी मरें तो कहीं धूमकेतु दिखाई नहीं पड़ते; राजपुत्रों के स्वर्गारोहण की घोषणा साक्षात् आकाश-पिंड ज्वलन्त होकर करते हैं।''

ज्योतिष न केवल मनोविज्ञान का पूरक है, वरन् यह निश्चित रूप से मनोवैज्ञानिक प्रत्ययों (concepts) के साथ सम्बद्ध है। वास्तव में डॉ० युङ् (Dr.

Jung) ने ज्योतिष की मान्यता का विश्वास निम्नलिखित शब्दों में दिलाया है :

"ज्योतिष को विश्वास होना चाहिए, कि मनोविज्ञान, बिना किसी प्रकार के प्रतिबन्ध वा संकोच के, उसे स्वीकार करना है, क्योंकि ज्योतिष पुरा-कालीन मनोविज्ञान का जितना भी ज्ञान-भंडार है, उस समस्त का प्रतिनिधि है।"

ज्योतिष, विज्ञानों में भी परम-विज्ञान है, क्योंकि इसका सम्पर्क मनोविज्ञान के अतिरिक्त और बहुत-सी वस्तुओं से है, जो ऋतु और कृषि विषयक पूर्वोक्तियों से लेकर, राजनैतिक और व्यक्तिगत विषयों तक चली गई हैं। और न ही ज्योतिष को—मूल रूप में—किसी व्यावहारिक अथवा प्रयोग-सिद्ध (empirical) विज्ञान के समतुल्य समझना चाहिए। ठीक जैसे निर्जीव पदार्थों के साथ व्यापार करनेवाले विज्ञान का व्यवस्थापक नियम (organising principle) गणित विद्या है, वैसे ही ज्योतिष उन विज्ञानों का व्यवस्थापक नियम है, जो सब सजीव पदार्थों को ध्यान में रखते हुए, जीवन तथा उसके महत्व को अपना (खोज का) विषय मानते हैं। बर्ट्रेण्ड् रस्सल् (Bertrand Russel) कहते हैं, कि "ज्ञान की समस्त व्यावहारिक उपयोगिता, अथवा लाभ, तो इसकी भविष्य-निरूपण की शक्ति पर ही निर्भर है ना।" ज्योतिष इस परख पर पूरा उतरता है—इसमें भविष्य-निरूपण की शक्ति है—इसलिए इसे विश्व-व्यापी ज्ञान समझना चाहिए, और अन्य शाखाओं से उत्तम समझना चाहिए, क्योंकि उनका उपयोग तो एक काल विशेष पर ही हो सकता है, जिसमें लगातार अवेक्षण (observation) किया जा रहा है।

आचार्य रजनीश (ओशो) ने ज्योतिष को अद्वैत का विज्ञान स्वीकार करते हुए मानव जीवन, प्रकृति तथा समूचे ब्रह्मांड पर इसके प्रभाव को चर्चित किया है। भूकम्प तथा सूर्य-चन्द्र ग्रहण के समय धरती की स्थिति की ओर ध्यान आकृष्ट करते हुए ओशो कहते हें, "जब सूर्य का ग्रहण होता है तो पक्षी जंगलों में गीत गाना चौबीस घंटे पहले से ही बन्द कर देते हैं। पूरे ग्रहण के समय तो सारी पृथ्वी मौन हो जाती है। पक्षी गीत गाना बन्द कर देते हैं और सारे जंगली जानवर भयभीत हो जाते हैं। किसी बड़ी आशंका से पीड़ित हो जाते हैं। बन्दर वृक्षों को छोड़कर नीचे आ जाते हैं। वे भीड़ लगाकर किसी सुरक्षा का उपाय करने लगते हैं। और एक आश्चर्य कि बन्दर जो निरन्तर बातचीत और शोरगुल में लगे रहते हैं, सूर्य ग्रहण के वक्त इतने मौन हो जाते हैं जितने कि साधु और संन्यासी भी ध्यान में नहीं होते हैं। चीजेवस्की ने ये सारी की सारी बातें स्थापित की हैं।

सुमेर में सबसे पहले यह खयाल पैदा हुआ था। फिर उसके बाद पैरासिलीसस नाम के स्विस चिकित्सक ने इसकी पुनःस्थापना की। उसने एक बहुत अनूठी मान्यता स्थापित की, और वह मान्यता आज नहीं तो कल समस्त चिकित्सा विज्ञान के बदलने वाली सिद्ध होती। अब तक उस मान्यता पर बहुत जोर नहीं दिया

जा सका क्योंकि ज्योतिष तिरस्कृत विषय है। सर्वाधिक पुराना, लेकिन सर्वाधिक तिरस्कृत। यद्यपि सर्वाधिक मान्य भी। अभी फ्रांस में पिछले वर्ष गणना की गई तो 47 प्रतिशत लोग ज्योतिष में विश्वास करते हैं कि वह विज्ञान है। फ्रांस में! अमेरिका में माजूद पाँच हजार बड़े ज्योतिषी दिन-रात काम में लगे रहते हैं और उन उनके पास इतने ग्राहक हैं कि पूरा काम भी निपटा नहीं पाते हैं। करोड़ों डॉलर अमरीका प्रतिवर्ष ज्योतिषियों को चुकाता है। अन्दाज है कि सारी पृथ्वी पर कोई अठत्तर प्रतिशत लोग विश्वास करते हैं। और उन अठत्तर प्रतिशत लोगों में सामान्य जन ही नहीं हैं। वैज्ञानिक, विचारक और बुद्धिजीवियों का एक बड़ा वर्ग उनमें सम्मिलित है। सी०जे० जुंग ने कहा है कि तीन सौ वर्षों से विश्वविद्यालयों के द्वार ज्योतिष के लिए बन्द हैं, यद्यपि आनेवाले तीन वर्षों में ज्योतिष इन बन्द दरवाजों को तोड़कर विश्वविद्यालयों में पुनः प्रवेश पाकर रहेगा। पाकर रहेगा प्रवेश इसलिए कि ज्योतिष के सम्बन्ध में जो-जो दावे किए गए थे उनको अब तक सिद्ध करने का उपाय नहीं था, लेकिन अब उनको सिद्ध करने का उपाय है।

पैरासिलीसस ने एक मान्यता को गति दी और वह मान्यता यह थी कि आदमी तभी बीमार होता है जब उसके और उसके जन्म के साथ जुड़े नक्षत्रों के बीच का तारतम्य टूट जाता है। इसे थोड़ा समझ लेना जरूरी है। पाइथागोरस मानता था कि प्रत्येक नक्षत्र या प्रत्येक ग्रह या उपग्रह जब यात्रा करता है अन्तरिक्ष में, तो उसकी यात्रा के कारण एक विशेष ध्वनि पैदा होती है। प्रत्येक नक्षत्र की गति एक विशेष ध्वनि पैदा करती है और प्रत्येक नक्षत्र की अपनी व्यक्तिगत निजी ध्वनि है। और इन सारे नक्षत्रों की ध्वनियों का एक तालमेल है, जिसे वह विश्व की संगीतबद्धता, हार्मनी कहता था! जब कोई मनुष्य जन्म लेता है तब उस जन्म के क्षण में इन नक्षत्रों के बीच जो संगीत की व्यवस्था होती है वह उस मनुष्य के प्राथमिक, सरलतम, संवेदनशील चित्त पर अंकित हो जाती है। वही उसे जीवन-भर स्वस्थ और अस्वस्थ करती है। जब भी वह अपनी उस मौलिक, जन्म के साथ पाई गई, संगीत-व्यवस्था के साथ तालमेल बना लेता है तो स्वस्थ होता है। और जब-जब उसका तालमेल उस मूल संगीत से छूट जाता है तो वह अस्वस्थ हो जाता है। पैरासिलीसस ने इस सम्बन्ध में बड़ा महत्वपूर्ण काम किया है। वह किसी मरीज को दवा नहीं देता था जब तक उसकी जन्म-कुंडली न देख ले और बड़ी हैरानी की बात है कि पैरासिलीसस ने जन्म-कुंडलियां देखकर ऐसे मरीजों को ठीक किया जिनको देखकर अन्य चिकित्सक कठिनाई में पड़ गए थे और ठीक नहीं कर पाते थे। उसका कहना था, जब तक मैं यह न जान लूँ कि यह व्यक्ति किस नक्षत्रों की स्थिति में पैदा हुआ है तब तक इसे अन्तर्संगीत के सूत्र को भी पकड़ना सम्भव नहीं है। और जब तक मैं यह न जान लूँ कि इसके अन्तर्संगीत

की व्यवस्था क्या है तो इसे कैसे स्वस्थ किया जा सकता है। पर उसका स्वास्थ्य से क्या अर्थ?

1950 में एक नई साइंस का जन्म हुआ। उस साइंस का नाम है कास्मिक केमिस्ट्री ब्रह्मांड-रसायन। उसको जन्म देनेवाला आदमी है जियाजारजी गिआरडी। यह आदमी इस सदी के कीमती से कीमती, थोड़े से आदमियों में एक है। इस आदमी ने वैज्ञानिक आधारों पर प्रयोगशालाओं के अनन्त प्रयोगों को करके, यह सिद्ध किया है कि पूरा जगत् एक आर्गनिक यूनिटी है। पूरा जगत् एक शरीर है। और अगर मेरी अंगुली बीमार पड़ जाती है तो पूरा शरीर प्रभावित होता है। शरीर का अर्थ होता है कि टुकड़े अलग-अलग नहीं हैं, संयुक्त हैं। जीवन्त रूप से इकट्ठे हैं। अगर मेरी आँख में तकलीफ होती है तो मेरे पैर का अँगूठा भी उसे अनुभव करता है। और अगर मेरे पैर को चोट लगती है, तो मेरे हृदय को भी खबर मिलती है। और अगर मेरा मस्तिष्क रुग्ण हो जाता है तो मेरा शरीर पूरा का पूरा बेचैन हो जाएगा। और मेरा पूरा शरीर नष्ट कर दिया जाए तो मेरे मस्तिष्क को खड़े होने के लिए जगह मिलनी मुश्किल हो जाएगी। मेरा शरीर एक आर्गनिक यूनिटी है। एक एकता है जीवन्त। उसमें कोई भी एक चीज को छुओ तो सब तरंगित होता है, सब प्रभावित हो जाता है। काज्मिक केमिस्ट्री कहती है कि पूरा ब्रह्मांड एक शरीर है। उसमें कोई भी चीज अलग-अलग नहीं है, सब संयुक्त है। इसलिए कोई भी तारा कितनी ही दूर क्यों न हो, वह भी जब बदलता है तो हमारे हृदय की गति को बदल जाता है। और सूरज चाहे कितने ही फासले पर क्यों न हो, जब वह ज्यादा उत्तप्त होता है तब हमारे रक्त की धाराएँ बदल जाती हैं। हर ग्यारह वर्षों में सूर्य पर आणविक तूफान आते हैं। जब पिछली बार सूरज पर बहुत ज्यादा आणविक गतिविधि चल रही थी और अग्नि के विस्फोट चल रहे थे तो एक जापानी चिकित्सक तोमातो बहुत हैरान हुआ था। वह चिकित्सक स्त्रियों के खून पर निरन्तर काम कर रहा था, बीस वर्षों से। स्त्रियों के खून की एक विशेषता है जो पुरुषों के खून की नहीं। उनके मासिक धर्म के समय उनका खून पतला हो जाता है और पुरुष का खून पूरे समय एक-सा रहता है। स्त्रियों का खून मासिक धर्म के समय पतला हो जाता है। या गर्भ जब उनके पेट में होता है तब उनका खून पतला हो जाता है। पुरुष और स्त्री के खून में यह एक बुनियादी फर्क तोमातो कर रहा था। लेकिन जब सूरज पर बहुत जोर से तूफान चल रहे थे आणविक शक्तियों के—जो कि हर ग्यारह वर्ष में चलते हैं, तब वह चकित हुआ कि पुरुषों का खून भी पतला हो गया था। जब सूरज पर आणविक तूफान चलता है तब पुरुष का खून भी पतला हो जाता है। यह बड़ी नई घटना थी, यह इसके पहले कभी रिकार्ड नहीं की गई थी कि पुरुष के खून पर सूरज पर चलनेवाले

तूफान का कोई प्रभाव पड़ेगा। और अगर खून पर प्रभाव पड़ सकता है तो फिर किसी भी चीज पर प्रभाव पड़ सकता है।

ब्राउन एक दूसरे शास्त्र का भी अन्वेषक है। उस शास्त्र को अभी ठीक-ठीक नाम भी मिलना शुरू नहीं हुआ है। लेकिन अभी उसे कहते हैं प्लेनेटरी हेरेडिटी, उपग्रही वंशानुक्रम। अंग्रेजी में शब्द है होरोस्कोप। वह यूनानी होरोस्कोप का रूप है। होरोस्कोप का अर्थ होता है, "मैं देखता हूँ जन्मते हुए ग्रहों को।" शब्द का यही अर्थ होता है। असल में जब एक बच्चा पैदा होता है तब उसी समय पृथ्वी के चारों ओर क्षितिज पर अनेक नक्षत्र जन्म लेते हैं, उठते हैं। जैसे सूरज उगता है सुबह और सांझ डूबता है, ऐसे ही चौबीस घंटे अन्तरिक्ष में नक्षत्र उगते हैं और डूबते हैं। जब एक बच्चा पैदा हो रहा है–समझें सुबह छह बजे बच्चा पैदा हो रहा है। उसी वक्त सूरज भी पैदा हो रहा है। उसी वक्त और कुछ नक्षत्र पैदा हो रहे हैं। कुछ नक्षत्र डूब रहे हैं। कुछ नक्षत्र ऊपर हैं, कुछ नक्षत्र उतार पर चले गए, कुछ नक्षत्र चढ़ाव पर हैं। यह बच्चा जब पैदा हो रहा है तब अन्तरिक्ष की–अन्तरिक्ष में नक्षत्रों की एक स्थिति है। अब तक ऐसा समझा जाता था और अभी भी अधिक लोग, जो बहुत गहराई से परिचित नहीं हैं वह ऐसा ही सोचते हैं कि चांद-तारों से आदमी के जन्म का क्या लेना-देना। चांद-तारे कहीं भी हों, इससे एक गाँव में बच्चा पैदा हो रहा है, इससे क्या फर्क पड़ेगा? फिर वे यह भी कहते हैं कि एक ही बच्चा पैदा नहीं होता, एक तिथि में, एक नक्षत्र की स्थिति में लाखों बच्चे पैदा होते हैं। उनमें से एक प्रेसिडेंट बन जाता है किसी मुल्क का, बाकी तो नहीं बन पाते। एक उनमें से सौ वर्ष का होकर मरता है, दूसरा दो दिन का ही मर जाता है। एक उसमें से बहुत बुद्धिमान होता है और एक निर्बुद्धि रह जाता है। तो साधारण देखने पर पता चलता है कि इन ग्रह नक्षत्रों की स्थिति का किसी के बच्चे के पैदा होने से, होरोस्कोप से क्या सम्बन्ध हो सकता है? यह तर्क सीधा और साफ मालूम होता है कि चाँद-तारे एक बच्चे के जन्म की चिन्ता भी क्यों करेंगे? और फिर एक बच्चा ही पैदा नहीं होता, एक स्थिति में लाखों बच्चे होते हैं। पर लाखों बच्चे एक से नहीं होते। इन तर्कों से ऐसा लगता है कि कोई सम्बन्ध नक्षत्रों से व्यक्ति के जन्म का नहीं है। लेकिन ब्राउन, पिकाड़ी और इन सारे लोगों की, तोमातो–इन सबकी खोज का एक अद्भुत परिणाम हुआ है और वह यह कि ये वैज्ञानिक कहते हैं कि अभी हम यह तो नहीं कह सकते कि व्यक्तिगत रूप से कोई बच्चा प्रभावित होगा, लेकिन अब हम यह पक्के रूप से कह सकते हैं कि जीवन प्रभावित होता है। एक बात, व्यक्तिगत रूप से बच्चा प्रभावित होगा, हम अभी नहीं कह सकते हैं, लेकिन जीवन निश्चित रूप से प्रभावित होता है। और अगर जीवन प्रभावित होता है तो हमारी खोज जैसे-जैसे सूक्ष्म होगी वैसे-वैसे

हम पाएंगे कि व्यक्ति भी प्रभावित होता है। इससे एक बात और खयाल में ले लेनी जरूरी है। ऐसा सोचा जा रहा है कि ज्योतिष विकसित विज्ञान नहीं है। प्रारम्भ तो उसका हुआ बहुत प्राचीन काल में और फिर वह विकसित नहीं हो सका; लेकिन मेरे देखे स्थिति उलटी है। ज्योतिष किसी अत्यन्त विकसित सभ्यता के द्वारा अविकसित विज्ञान है लेकिन फिर वह सभ्यता खो गई और हमारे हाथ में ज्योतिष के अधूरे सूत्र रह गए।

ज्योतिष कोई नया विज्ञान नहीं है, जिसे विकसित होना है, बल्कि कोई विज्ञान है जो पूरी तरह विकसित हुआ था और फिर जिस सभ्यता ने उसे विकसित किया वह खो गई। और सभ्यताएँ रोज आती हैं और खो जाती हैं। फिर उनके द्वारा विकसित चीजें भी अपने मौलिक आधार खो देती हैं, सूत्र भूल जाते हैं, उनकी आधारशिलाएँ खो जाती हैं। विज्ञान आज इसे स्वीकार करने के निकट पहुँच रहा है कि जीवन प्रभावित होता है। और एक छोटे बच्चे के जन्म के समय उसके चित्त की स्थिति ठीक वैसी ही होती है जैसे बहुत सेंसिटिव फोटो प्लेट की। इस पर दो-तीन बातें और ख्याल में ले लें—ताकि समझ में आ सके कि जीवन प्रभावित होता है। और अगर जीवन प्रभावित होता है तो ही ज्योतिष की कोई सम्भावना निर्मित होती है अन्यथा नहीं होती।

हम जानते हैं कि चाँद से समुद्र प्रभावित होता है लेकिन हमें खयाल नहीं है कि समुद्र में पानी और नमक का जो अनुपात है वही आदमी के शरीर में पानी और नमक का अनुपात है। द सेम प्रपोर्सन। और आदमी के शरीर में 65 प्रतिशत पानी है और नमक और पानी का वही अनुपात है जो अरब की खाड़ी में है। अगर समुद्र का पानी प्रभावित होता है चाँद से, तो आदमी के शरीर के भीतर का पानी क्यों प्रभावित नहीं होगा। अभी इस सम्बन्ध में जो खोजबीन हुई है उसमें दो-तीन तथ्य ख्याल में ले लेने जैसे हैं, वह यह कि पूर्णिमा के निकट आते-आते सारी दुनिया में पागलपन की संख्या बढ़ती है, अमावस के दिन दुनिया में सबसे कम लोग पागल होते हैं, पूर्णिमा के दिन सर्वाधिक। चाँद के बढ़ने के साथ अनुपात पागलों का बढ़ना शुरू होता है। पूर्णिमा के दिन पागलखानों में सर्वाधिक लोग प्रवेश करते हैं और अमावस के दिन पागलखानों से सर्वाधिक लोग बाहर आते हैं। अब तो इसके स्टेटिक्स उपलब्ध हैं। अंग्रेजी में शब्द है लुनाटिक। लुनाटिक का मतलब होता है चाँदमारा। लुनार का अर्थ है चाँद। हिंदी में भी पागल के लिए चांदमारा शब्द है। बहुत पुराना शब्द है और लुनाटिक भी कोई तीन हजार साल पुराना शब्द है। कोई तीन हजार साल पहले भी आदमियों को खयाल था कि चाँद पागल के साथ कुछ न कुछ करता है, लेकिन अगर पागल के साथ करता है तो गैर पागल के साथ नहीं करता होगा? आखिर मस्तिष्क की बनावट, आदमी के

शरीर के भीतर की संरचना तो एक जैसी है। हाँ, यह हो सकता है कि पागल पर थोड़ा ज्यादा करता होगा, गैर पागल पर थोड़ा कम कर सकता होगा। यह मात्रा का भेद होगा। लेकिन ऐसा नहीं हो सकता कि गैर पागल पर बिलकुल नहीं करता होगा। अगर ऐसा होगा तब तो कोई पागल कभी पागल न हों, क्योंकि सब गैर पागल ही पागल होते हैं। पहले तो काम गैर पागल पर ही करना पड़ता होगा चांद को।

प्रोफेसर ब्राउन ने एक अध्ययन किया है। वह खुद ज्योतिष में विश्वासी आदमी नहीं थे। अविश्वासी थे और अपने पिछले लेखों में उन्होंने बहुत मजाक उड़ाई थी ज्योतिष की। लेकिन पीछे उन्होंने खोजबीन के लिए सिर्फ एक काम शुरू किया। सेनाओं के बड़े-बड़े जनरल्स की जन्म कुंडलियाँ उन्होंने इकट्ठी कीं। डॉक्टर्स की, अलग-अलग प्रोफेशंस की, व्यवसायों की। बड़ी मुश्किल में पड़ गए इकट्ठी करके। क्योंकि पाया कि प्रत्येक प्रोफेशंस के आदमी एक विशेष ग्रह में पैदा होते हैं। एक विशेष नक्षत्र स्थिति में पैदा होते हैं। जैसे जितने भी बड़े प्रसिद्ध जनरल्स हैं; मिलिट्री के सेनापति हैं, योद्धा हैं, उनके जीवन में मंगल का भारी प्रभाव है। वही प्रभाव प्रोफेसर्स की जिन्दगी में बिलकुल नहीं है। ब्राउन ने जो अध्ययन किया कोई पचास हजार व्यक्तियों का—जो भी सेनापति हैं उनके जीवन में मंगल का प्रभाव भारी है। आमतौर से जब वे पैदा होते हैं तब मंगल जन्म ले रहा होता है। उनके जन्म की घड़ी मंगल के जन्म की घड़ी होती है। ठीक उससे विपरीत जितने पैसीफिस्ट हैं दुनिया में, जितने शान्तिवादी हैं वह कभी मंगल के जन्म के साथ पैदा नहीं होते। एकाध मामले में यह संयोग हो सकता है लेकिन लाखों मामले में संयोग नहीं हो सकता। गणितज्ञ एक खास नक्षत्र में पैदा होते हैं। कवि उस नक्षत्र में कभी पैदा नहीं होते। यह कभी एकाध के मामले में संयोग हो सकता है लेकिन बड़े पैमाने पर संयोग नहीं हो सकता। असल में कवि के ढंग और कोई दस अलग-अलग व्यवसाय के लोगों का, जिनके बीच तीव्र फासले हैं, जैसे कवि है और गणितज्ञ है या युद्धखोर सेनापति है और एक शान्तिवादी है। एक आदमी बर्ट्रेंड रसेल वैसा जो कहता है, विश्व में शान्ति होनी चाहिए और एक आदमी नीत्से जैसा जो कहता है जिस दिन युद्ध न होंगे उस दिन दुनिया में कोई अर्थ न रह जाएगा।

आधुनिक चिकित्सक भी इस नतीजे पर पहुँच रहे हैं कि जब भी सूर्य पर काले धब्बे प्रकट होते हैं या बढ़ जाते हैं तो जमीन पर बीमारियाँ बढ़ जाती हैं। और जब सूर्य पर काले धब्बे कम हो जाते हैं तो जमीन की बीमारियाँ कम हो जाती हैं और जमीन से हम बीमारियाँ कभी न मिटा सकेंगे जब तक सूर्य के स्पाट्स कायम हैं। हर ग्यारह वर्ष में सूरज पर भारी उत्पात होता है, बड़े विस्फोट होते

हैं। और जब ग्यारह वर्ष में सूरज पर विस्फोट होते हैं और उत्पात होते हैं तो पृथ्वी पर युद्ध और उत्पात होते हैं। पृथ्वी पर युद्धों का जो क्रम है वह हर दस वर्ष का है। महामारियों का जो क्रम है वह दस और ग्यारह वर्ष के बीच का है। क्रान्तियों का जो क्रम है वह दस और ग्यारह वर्ष के बीच का है। एक बार खयाल में आना शुरू हो जाए कि हम अलग और पृथक् नहीं हैं, संयुक्त हैं, आर्गेनिक हैं तो फिर ज्योतिष को समझना आसान हो जाएगा इसलिए मैं ये सारी बातें आपसे कह रहा हूँ।

कुछ आदमी को ऐसा खयाल पैदा हो गया था, अब भी है कि ज्योतिष एक सुपरस्टीसन, एक अन्धविश्वास है। बहुत दूर तक यह बात सच भी मालूम पड़ती है। असल में वही चीज अन्धविश्वास मालूम पड़ने लगती है जिसके पीछे हम वैज्ञानिक कारण बताने में असमर्थ हो जाएँ। वैसे ज्योतिष बहुत वैज्ञानिक है और विज्ञान का अर्थ ही होता है कि कॉज और एफेक्ट के बीच, कार्य और कारण के बीच सम्बन्ध की तलाश। ज्योतिष कहता यही है कि इस जगत में भी जो घटित होता है उसके कारण हैं। हमें ज्ञान न हो, यह हो सकता है। ज्योतिष यह कहता है कि भविष्य जो भी होगा वह अतीत से विच्छिन्न नहीं हो सकता, उससे जुड़ा हुआ होगा। आप कल जो भी होंगे वह आज का ही जोड़ होगा। आज तक आप जो हैं वह बीत हुए कलों का जोड़ है। ज्योतिष बहुत वैज्ञानिक चिन्तन है। वह यह कहता है कि भविष्य अतीत से ही निकलेगा। आपका आज कल से निकला है, आपका आनेवाला कल आज से निकलेगा। और ज्योतिष यह भी कहता है कि जो कल होनेवाला है वह किसी सूक्ष्म अर्थ में आज भी मौजूद होना चाहिए। अब इसे थोड़ा समझें।

अब्राहम लिंकन ने मरने के तीन दिन पहले एक सपना देखा, जिसमें उसने देखा कि उसकी हत्या कर दी गई है और ह्वाइट हाउस के एक खास कमरे में उसकी लाश पड़ी हुई है। उसने नम्बर भी कमरे का देखा। उसकी नींद खुल गई। वह हँसा। उसने अपनी पत्नी को कहा मैंने एक सपना देखा है कि मेरी हत्या कर दी गई। फलाँ-फलाँ नम्बर। उसी मकान में तो वह सोया हुआ है, ह्वाइट हाउस के। इस मकान के फलाँ नम्बर के कमरे में मेरी लाश पड़ी है। मेरे सिरहाने तू खड़ी हुई है और आसपास फलाँ-फलाँ लोग खड़े हुए हैं। हँसी हुई, बात हुई। लिंकन सो गया, पत्नी सो गई। तीन दिन बाद लिंकन की हत्या हुई और उसी नम्बर के कमरे में और उसी जगह उसकी लाश तीन दिन बाद पड़ी थी। और उसी क्रम में आदमी खड़े थे।

अगर तीन दिन बाद जो होनेवाला है वह किसी अर्थों में आज ही न हो गया हो तो उसका सपना कैसे निर्मित हो सकता है? उसको सपने में झलक भी

कैसे मिल सकती है। सपने की झलक तो उसी बात की मिल सकती है जो किसी अर्थ में अभी भी कहीं मौजूद हो। तो हम उसकी एक ग्लिम्प्स, एक झलक पा सकते हैं। खिड़की खोलें और हमें दिखाई पड़ जाए जो कि खिड़की के बाहर मौजूद हो। ज्योतिष का मानना है कि भविष्य हमारा अज्ञान है इसलिए भविष्य है। अगर हमें ज्ञान हो तो भविष्य जैसे कोई घटना नहीं है। वह अभी भी कहीं मौजूद है।

ज्योतिष मूलतः भविष्य की तलाश है। और विज्ञान मूलतः अतीत और वर्तमान की तलाश है। विज्ञान इस बात की खोज है कि आज क्या है, कारण क्या है, और ज्योतिष इस बात की खेाज है कि कल क्या होगा, परिणाम क्या होगा? इन दोनों के बीच बड़ा भेद है। लेकिन फिर विज्ञान को रोज-रोज अनुभव होता है और कुछ बातें जो अनहोनी लगती थीं, लगती थीं कभी सही नहीं हो सकतीं, वह सही होती हुई मालूम पड़ती हैं।

ज्योतिष की बहुत गहनतम जो पकड़ है वह तो आपके अतीत के खोलने की है क्योंकि आपका अतीत का अगर पूरा पता चल जाए तो आपका पूरा भविष्य पता चलता है। क्योंकि आपका भविष्य आपके अतीत से जन्मेगा। आपके भविष्य को आपके अतीत को जाने बिना नहीं जाना जा सकता। क्योंकि आपका भविष्य आपके अतीत का बेटा होनेवाला है, उसी से पैदा होगा। तो पहले तो आपके अतीत की पूरी स्मृति-रेखा को खोलना पड़ेगा। आपकी स्मृति-रेखा को खोल दिया जाए तो सब व्यवस्थित मालूम पड़ता है। ज्योतिष ज्यादा वैज्ञानिक बात कहता है। ज्योतिष कहता है, सब बीज को उपलब्ध है। हम अगर बीज को पढ़ पाएँ, अगर हम बीज की भाषा को खोल पाएँ, डी कोड कर पाएँ, अगर हम बीज से पूछ सकें कि तेरे इरादे क्या हैं तो हम आदमी की बाबत भी पूर्व घोषणाएँ कर सकते हैं। वृक्षों के बावत में वैज्ञानिक घोषणा करने लगे। बीस साल में आदमी के बावत बहुत ही घोषणाएँ वे करने लगेंगे। और अब तक हम सब समझते रहे कि सुपरस्टीटस है ज्योतिष, एक विश्वास मात्र है। लेकिन यदि ऐसी घोषणा विज्ञान करेगा तो वह ज्योतिष भी हो जाएगा। और विज्ञान घोषणा करने लगेगा। यह बहुत कुछ सुनिश्चित होता जाता है।

सौर मंडल का आधार सूरज मात्र अग्निपिंड नहीं है। वह सृष्टि की समस्त जड़-चेतन सत्ता का प्राण और नियामक है। सूर्य नहीं तो सौर मंडल नहीं, सौर मंडल नहीं तो मानव जीवन नहीं। इसी सन्दर्भ में 'ओशो' का मत उदाहरणीय है। ओशो के अनुसार, ''कुछ बातें जान लेना जरूरी हैं। सबसे पहले तो यह बात जान लेनी जरूरी है कि वैज्ञानिक दृष्टि से सूर्य से समस्त सौर्य परिवार का—मंगल का, बृहस्पति का, चन्द्र का, पृथ्वी का जन्म हुआ है। ये सब सूर्य के ही अंग हैं। फिर पृथ्वी पर जीवन का जन्म हुआ—पौधों से लेकर मनुष्य तक। मनुष्य पृथ्वी का अंग

है, पृथ्वी सूरज का अंग है। अगर हम इसे ऐसा समझें—एक माँ है, उसकी एक बेटी है और उसकी एक बेटी है, उन तीनों के शरीर में एक ही रक्त प्रवाहित होता है, उन तीनों के शरीर का निर्माण एक ही तरह के सेल्स से, एक ही तरह के कोष्ठों से होता है। और वैज्ञानिक एक शब्द का प्रयोग करते हैं एम्पैथी का, समानुभूति का। जो चीजें एक से ही पैदा होती हैं उनके भीतर एक अन्तर समानुभूति होती है। सूर्य से पृथ्वी पैदा होती है, पृथ्वी से हम सबके शरीर निर्मित होते हैं। थोड़े ही दूर फासले पर सूरज हमारा महापिता है। सूर्य पर जो भी घटित होता है वह हमारे रोम-रोम में स्पन्दित होता है। होगा ही। क्योंकि हमारा रोम-रोम भी सूर्य से ही निर्मित है। सूर्य इतना दूर दिखाई पड़ता है, इतना दूर नहीं है। हमारे रक्त के एक-एक कण में और हड्डी के एक-एक टुकड़े में सूर्य के ही अणुओं का वास है। हम सूर्य के ही टुकड़े हैं। और यदि सूर्य से हम प्रभावित होते हों तो इसमें कुछ आश्चर्य नहीं है। एम्पैथी है, समानुभूति है। समानुभूति को भी थोड़ा समझ लेना जरूरी है। तो ज्योतिष के एक आयाम में प्रवेश हो सकेगा।

ज्योतिष का कहना है कि हमारे चारों तरफ ऊर्जाओं के क्षेत्र हैं, इनर्जी फील्ड्स हैं और वह पूरे समय हमें प्रभावित कर रहे हैं। जैसे ही बच्चा जन्म लेता है तो वह जगत् के प्रति—जगत् प्रभावों के प्रति फँस जाता है। जन्म को वैज्ञानिक भाषा में हम कहें एक्सपोजर, जैसे कि फिल्म को हम एक्सपोज करते हैं कैमरे में। जरा-सा शटर आप दबाते हैं एक क्षण के लिए, कैमरे की खिड़की खुलती है और बन्द हो जाती है। उस क्षण में जो भी कैमरे के समक्ष आ जाता है वह फिल्म पर अंकित हो जाता है। फिल्म एक्सपोज हो गयी। अब दुबारा उस पर कुछ अंकित न होगा। अंकित हो गया। और अब यह फिल्म उस आकार को सदा अपने भीतर लिए रहेगी। जिस दिन माँ के पेट में पहली दफे गर्भाधान होता है तो पहला एक्सपोजर होता है। जिस दिन माँ के पेट से बच्चा बाहर आता है, जन्म लेता है, उस दिन दूसरा एक्सपोजर होता है। और यह दोनों एक्सपोजर संवेदनशील चित्त पर फिल्म की भाँति अंकित हो जाते हैं—पूरा जगत् उस क्षण में बच्चा अपने भीतर अंकित कर लेता है। और उसकी एम्पेथीज, समानुभूतियाँ निर्मित हो जाती हैं। ज्योतिष इतना ही कहता है कि यदि वह बच्चा जब पैदा हुआ है तब अगर रात है—और जानकर आप हैरान होंगे कि सत्तर से लेकर नब्बे प्रतिशत बच्चे रात में पैदा होते हैं। यह थोड़ा हैरानी का है। क्योंकि आमतौर से पचास प्रतिशत होने चाहिए। चौबीस घंटे का हिसाब है, इसमें कोई हिसाब भी न हो, बेहिसाब भी बच्चे पैदा हों, तो बारह घंटे रात, बारह घंटे दिन, साधारण संयोग और कांबिनेशन से—ठीक है, पचास-पचास प्रतिशत हो जाएँ, कभी भूलचूक दो-चार प्रतिशत इधर-उधर हो, लेकिन नब्बे प्रतिशत तक बच्चे रात में जन्म लेते हैं। दस प्रतिशत बच्चे मुश्किल

से दिन में जन्म लेते हैं। अकारण नहीं हो सकती यह बात। इसके पीछे बहुत कारण है। समझें, यह एक बच्चा रात में जन्म लेता है, तो उसका जो एक्सपोजर है, उसके चित्त की जो पहली घटना है जगत में अवतरण की वह अँधेरे से संयुक्त होती है, प्रकाश से संयुक्त नहीं होती। यह तो सिर्फ उदाहरण के लिए कह रहा हूँ, क्योंकि बात तो और विस्तीर्ण है। सिर्फ उदाहरण के लिए कह रहा हूँ—उसके चित्त पर जो पहली घटना है वह अन्धकार है।

सुप्रसिद्ध विद्वान डॉ० बी०वी० रामन ने भी सूरज की महिमा स्वीकारते हुए इसे दृश्यमान परमेश्वर की संज्ञा दी है। डॉ० रामन के अनुसार, "वेदों में सूर्य को जगदात्मा के नाम से सम्बोधित किया गया है। वह दृश्यमान परमेश्वर है। सूर्य की उष्णता और प्रकाश के बिना संसार में कोई वस्तु एक क्षण के लिए भी रह नहीं सकती। वराहमिहिराचार्य सूर्य को **कालात्मा,** अथवा समय की आत्मा कहते हैं, क्योंकि समय का अस्तित्व सूर्य के कारण ही है। वास्तव में सूर्य ही जीवन-शक्ति का मूल-स्रोत है। सूर्य की शक्ति ही पृथिवी तथा अन्य ग्रहों की मंडलाकार गति का कारण है। संस्कृत विज्ञान उसे त्रयी-तनु, अर्थात तीन आत्माओं वाला, कहते हैं, क्योंकि भौमिक घटनाओं की उत्पत्ति, परिपालन, और अन्त में विनाश, का कारण उसे ही माना जाता है। भौतिक-सूत्रों में सूर्य के भिन्न-भिन्न नाम दिए गए हैं, जिनमें से प्रत्येक, विकास की योजना में, उसके काम के किसी न किसी अंग को अभिव्यक्त करता है। उदाहरणार्थ, भौतिक सूत्रों में एक नाम 'मार्तण्ड' दिया है। यह बहुत ही भाव-पूर्ण शब्द है। महर्षि गोभिल कहते हैं कि मार्तण्ड का अर्थ है, प्रलय अथवा नाश के समय जगती को विघटित (अथवा अवसन्न) होने की शक्ति प्रदान करना; और क्योंकि सूर्य इसका कारण है, वही संहार करने का साधन है, अतः उसे 'मार्तण्ड' का नाम दिया गया है। विज्ञान सूर्य में घटित हो रही प्रक्रियाओं के रहस्य निराछादित करने की ताक में है। ऐसा प्रतीत होता है कि इस उधेड़बुन का उपयुक्त फल 'वैश्व-रश्मियाँ' जिन्हें कहते हैं, उनके घनिष्ट अध्ययन से ही प्राप्त होगा। वैश्व-रश्मियों (cosmic rays) के रहस्य का ज्ञान स्यात् सूर्य में से मिलेगा, और तब विज्ञान का यह मानने पर बाधित होना पड़ेगा, कि संसार का वास्तविक भेद सूर्य में निहित है, जैसा कि महर्षि-गण विगत सहस्रों वर्षों से घोषित करते आए हैं। सूर्य को 'सविता' भी कहा गया है। सोम शम्भु, जो भौतिक सूत्रों के एक टीकाकार हो चुके हैं, यह मत प्रकट करते हैं कि 'सुवन्ती' एक प्रकार की जीवन-शक्ति होती है, जो प्रकृति के सब पदार्थों से मिलकर जीवन-प्रक्रिया का संचार करती, और उत्पत्ति में सहायता देती है। प्रकृति में समग्र पदार्थ सुवन्ती द्वारा ही चैतन्य, अथवा क्रियाशीलता, प्राप्त करते हैं, और क्योंकि सूर्य यह गुण अपने में धारण करता है, उसे 'सविता' कहते हैं।

सारांश रूप में कहा जा सकता है—मनुष्य के सामाजिक जीवन में भी ज्योतिष की महत्ता बहुमुखी है। मनुष्य की आवश्यकताएँ और आकांक्षाएँ ज्योतिषीय अन्वेषण के पक्ष में निरन्तर प्रारोचक, अथवा प्रेरक शक्ति, का काम करती रहेंगी। हम समाज के अन्दर मनुष्य की आवश्यकताओं को अविलम्ब्यता (urgency) की अनेक मात्राओं (grades) में विभक्त कर सकते हैं, जिनमें प्रत्येक के साथ ज्योतिष का विशेष सम्बन्ध है। मानव-समाज की सक्रिय (dynamic) आवश्यकताओं को प्रेरक-शक्ति राजनैतिक आन्दोलनों से प्राप्त होती है, जिनकी प्रवृत्ति ज्योतिषीय गणना द्वारा स्पष्टतया निर्धारित की जा सकती है। यह पूर्व-ज्ञान मनुष्य के लिए एक अमूल्य सम्पत्ति होगी। मृत्यु और व्याधि की दर (rate, अर्घ) सुगमता से निर्धारित की जा सकती है, और ऐसे उपायों का अवलम्बन किया जा सकता है, जिनसे ये दुर्घटनाएँ रुक जाएँ और रोग का नियन्त्रण किया जा सके। मनुष्य का जनन ही यदृच्छा में (at haphazard) होता है एवं मनुष्यों की संख्या तथा गुणों में इस कारणवश जो परिवर्तन आ जाते हैं, उनकी सामाजिक प्रतिक्रिया बड़ी उग्र होती है। ये सब घटनाएँ ज्योतिष द्वारा निर्धारित की जा सकती हैं, जिससे मनुष्य की अन्तिम प्रसन्नता में विघ्न न पड़ने पाए। वास्तव में मनुष्य जाति के सन्मुख बड़े-बड़े विकट कार्य करने को पड़े हैं। ज्योतिष इन आदर्शों की पूर्ति में सहायता देता है। ज्योतिष का प्रच्छन्न मूल्य इस तथ्य के भीतर निहित है कि आपको न्यूनतम अवरोध का मार्ग अनुसरण करने का आदेश दिया जाता है, जिससे क्षुद्रतम प्रयास द्वारा भी आपको महत्तम साफल्य-प्राप्ति हो सकती है।

सही अर्थों में ज्योतिष अतीत और भविष्य के बीच वर्तमान का सन्तुलन है। जब कोई व्यक्ति ज्योतिष की व्याख्या इस रूप में स्वीकारता है तब ज्योतिष अध्यात्म हो जाता है। जो व्यक्ति ज्योतिष को धर्म, आस्था, अध्यात्म या निजी विश्वास नहीं मानता उसके लिए ज्योतिष सड़क की मदारीगिरी से अधिक कुछ नहीं रह जाता।

तीसरा अध्याय

सन्देह एवं अनास्था के स्वर
विचार शक्ति और भाग्य
ज्योतिष और मार्किटिंग
ज्योतिष–आस्था या पाखंड
भविष्य ज्ञान केवल ईश्वर को
ज्योतिषी मात्र एक मार्गदर्शक
कर्म, भाग्य या ज्योतिष
ज्योतिष महज–कल्पना, मनोरंजन, मदारीगिरी, चंडुखाना, अटकलबाजी
स्वार्थ और ज्योतिष
सन्देह का निवारण

सन्देह एवं अनास्था के स्वर

मनुष्य विवेकशील प्राणी है। किसी भी स्थिति, विचार, दर्शन या विद्या के प्रति उसका सन्देहशील होना स्वाभाविक है। किसी भी विद्या के प्रति सन्देह का आधार यदि तर्कपूर्ण और ठोस तथ्यों पर आधारित है तो इस पर विचार करना जरूरी हो जाता है। कुछ लोग ज्योतिष के प्रति भी स्वस्थ दृष्टिकोण नहीं रखते। इस विद्या को मदारीगिरी, अटकलबाजी या आडम्बर आदि संज्ञाओं से अभिहित किया जाता है। ज्योतिष के नकारने के लिए विभिन्न प्रकार के तर्क प्रस्तुत किए जाते हैं। प्रस्तुत अध्याय में हमने कुछ प्रतिष्ठित व्यक्तियों, समाजसेवियों तथा सुप्रसिद्ध लेखकों, कवियों तथा स्तम्भकारों के विचारों को उद्धृत किया है ताकि सुहृदय पाठक विधिवत् रूप से ज्योतिष सम्बन्धी विपक्षीय दृष्टिकोण से अवगत हो सकें।

इस अध्याय का मूल स्रोत एवं सामग्री विभिन्न पत्र-पत्रिकाओं में प्रकाशित कतिपय लेखों पर आधारित है। इस सामग्री के लिए लेखक उन विचारकों का

हृदय से आभारी है।

श्री प्रमोद त्रिवेदी पुष्प गहन अध्ययन और तर्कपूर्ण तथ्यों के आधार पर फलित ज्योतिष, ग्रहों की संख्या, जन्मस्थल तथा ज्योतिष शास्त्र की वैज्ञानिकता पर प्रकाश डालते हुए सन्देह व्यक्त करते हैं। फलित ज्योतिष को न माननेवालों को अक्सर नास्तिक, पश्चिमपरस्त, संस्कृति विरोधी आदि कह दिया जाता है। उनका सप्रमाण उत्तर देने की बजाय ज्यादा-से-ज्यादा कठोर भाषा में केवल कोसते रहना या 'हम ही सही हैं' की रट लगाना क्या उचित है?

ज्योतिष की मूल मान्यताएँ गलत हैं। पृथ्वी को चपटी और आकाश को अर्द्ध गोलाकार चँदोवा माना जाता है। पृथ्वी को सृष्टि का केन्द्र माना जाता है, तभी तो मान्यता है कि सारे ग्रह, पृथ्वी को, मानवों को प्रभावित करते हैं। टालेमी का यही सिद्धान्त 16वीं शताब्दी तक पश्चिम में मान्य रहा। आकाश के बारह भाग अर्थात् बारह राशियाँ काल्पनिक और निरीक्षक सापेक्ष हैं। निरीक्षक पृथ्वी पर ही कहीं खड़े होकर आकाश का निरीक्षण करता है अर्थात अन्तरिक्षयान अथवा कृत्रिम उपग्रह (स्पेस स्टेशन) में जन्मे बालक की जन्म-कुंडली बन ही नहीं सकता। आगे कभी चन्द्रमा की बस्ती में जन्मे बालक की कुंडली में चन्द्रमा (मन का स्वामी) हो नहीं सकता, जैसे अभी की जन्म-कुंडलियों में पृथ्वी ग्रह नहीं होता।

भाग्य विधाता ग्रह सात ही थे

क्या वह बालक मनविहीन होगा और क्या उसकी जन्मपत्री में पृथ्वी ग्रह होगा? आकाश के काल्पनिक बारह भागों को उन कुछ तारासमूहों के नाम दिए गए हैं जो अति दूर होने से स्थिर प्रतीत होते हैं। जब सूर्यमालिका का कोई ग्रह किसी भाग (तारासमूह) की सीध में आता है तो ज्योतिष की भाषा में 'उस ग्रह का उस राशि पर' आना कहा जाता है जबकि ग्रह, पृथ्वी से करोड़ो मील दूर और तारा-समूह से (सूर्यमालिका से भी) लाखों-करोड़ों प्रकाश वर्ष दूर होते हैं। यह तारा समूहवाली धारणा भी त्रुटिपूर्ण है क्योंकि मेष (एरिस) तथा वृषभ (तोरस) नामक जैसे तारक समूह सृष्टि में हैं ही नहीं।

ग्रहों की अवधारणा भी गलत है। तारा सूर्य और उपग्रह चन्द्र को ग्रह माना गया है। ये तो खैर कम-से-कम आकाशस्थ पिंड तो हैं, राहु-केतु पिंड क्या धूलीकण भी नहीं हैं। ज्योतिषी कहते हैं कि ग्रहों या पिंडों का प्रभाव मनुष्य पर पड़ता है, फिर राहु-केतु का प्रभाव क्यों माना जाता है? ये कथित ग्रह कभी चन्द्र को, जो पृथ्वी से तीन लाख 84 हजार कि०मी० दूर हैं और कभी सूर्य को, जो पृथ्वी से 14 करोड़ 94 लाख 7 हजार कि०मी० हैं, खा लेते हैं। पुराणों के अनुसार राहु केतु का जन्म समुद्र-मन्थन के अवसर पर हुआ। क्या इसका अर्थ यह नहीं निकलता

कि तब तक जन्म-कुंडली के भाग्य विधाता ग्रह सात ही थे और सूर्य-चन्द्र ग्रहण नहीं होते थे?

दसवें ग्रह का अस्तित्व

वाल्मीकि रामायण के 1/18/8-9 में केवल पाँच ग्रहों का ही उल्लेख है। क्या तब तक इतने ही ग्रह ज्ञात थे? यूरेनस, नेपच्यून तथा प्लूटो की खोज पश्चिम में क्रमशः सन् 1757 में तथा 1846 एवं 1930 में हुई। 'पश्चिम ज्योतिष पद्धति' के समर्थक कुछ भारतीय ज्योतिषी इन तीन को जोड़ लेते हैं परन्तु अधिकांश भारतीय कुंडलियों में ये अनुपस्थित रहते हैं। दसवें ग्रह का अस्तित्व अभी-अभी प्रमाणित हुआ है। 'पर्सीफोन' नामकरण किए जा चुके इस ग्रह को 'देखा जाना' बाकी है और भी एक या अनेक ग्रहों के अभी अनचीन्हे होने की सम्भावना व्यक्त की गई है। हमारे ही पुराणों में कहीं-कहीं चौहद ग्रहों के होने का उल्लेख है। कुल मिलाकर इस समय भी कम-से-कम सात ग्रह जन्म-कुंडलियों से नदारद हैं और ज्योतिष सिद्धान्तों के सभी ग्रन्थों से भी। सूर्य, चन्द्र, मंगल, बुध, बृहस्पति, शुक्र, शनि और इन कुल सात 'पिंडों' के भरोसे ही जो शास्त्र है, वह कितना वैज्ञानिक, तर्कशुद्ध, प्रमाणित हो सकता है?

ज्योतिषी यह दावा और बचाव करते हैं कि जन्म के समय को नोट करने में अंशमात्र भी भूल न होने पर फलित शत-प्रतिशत सही होगा। यदि यह नियम सही होता तो 'सयामी जुड़वा' में दोनों के जीवन की घटनाएँ पूर्णतः समान होतीं क्योंकि जन्म समय, माता-पिता, जन्मस्थान, गर्भाशय आदि के एक ही होने से दोनों की कुंडलियाँ पूर्णतः समान होतीं। सयामी जुड़वा के आज तक के सभी उदाहरणों में दोनों शरीरों के स्वामियों के भाग्य में बहुत बड़ा अन्तर रहा है।

जन्म समय का आधार गलत है

'जन्म समय' का आधार भी विवादास्पद है। सिजेरियन आपरेशन से ऐसे बच्चों को दुनिया में लाया जाता है जो अन्यथा अन्दर ही मर जाते, माता भी मर जाती या जो देर से पैदा होते। इसका अर्थ तो यह हुआ कि बच्चे के मर जाने के या देर से जन्म लेने के निश्चित योग में एक सर्जन परिवर्तन कर सकता है। कुछ बच्चे गर्भ में मर जाते हैं, कुछ मृतक ही 'पैदा' होते हैं। उस समय पर ग्रहों की स्थिति के आधार पर कुंडली तो बन सकती है तो क्या वह 'जन्म के पूर्व मृत्यु' बता सकती है? यदि किसी का दावा हो कि बता सकती है तो 'जन्म समय की ग्रह स्थिति' का मुख्य आधार ही गलत है क्योंकि इन मामलों में जन्म हुआ ही नहीं।

जन्म-कुंडली का मिलान, शुभ मुहूर्त, ग्रह-शान्ति, राशि-भविष्य आदि तर्क

से, अनुभवों से तथा प्रमाणों से गलत साबित हो चुके हैं। जिनके 36 गुण मिले थे, वे पति-पत्नी तलाक तक पहुँचे हैं और दुनिया में उन अरबों लोगों के विवाह सफल हो चुक हैं जिनमें जन्म-कुंडलियां बनती ही नहीं। सभी विवाह शुभ मुहूर्त में होते हैं, फिल्में और कम्पनियाँ, कारोबार आदि शुभ मुहूर्त में शुरू किए जाते हैं। प्राचीनकालीन युद्धों में दोनों ही पक्ष मुहूर्त ज्योतिष का समर्थन करनेवाले अधिकांश लोग भी अमावस्या-पूर्णिमा, प्रातः-सायंकाल, सौर ज्वाला आदि तत्वों का उपयोग फलित ज्योतिष को सही साबित करने के लिए करते हैं। मुख्य मतभेद यही है। पूर्णिमा, प्रातःकाल, बसन्तऋतु में उत्साह बनता है, पूर्णिमा-अमावस्या को समुद्र में ज्वार-भाटा आता है, सूर्य धब्बों का पृथ्वी के चुम्बकीय क्षेत्र पर प्रभाव पड़ता है आदि तथ्यों पर विवाद है ही नहीं। विवाद है इस बात पर कि ऐसे प्रभाव करोड़ों में से किसी एक पर ही पड़ते हैं जिसका जन्म किसी खास ग्रह स्थिति में हुआ था या जिसकी राशि फलाँ-फलाँ है। फलित ज्योतिष इसी गलत धारणा को लेकर चलता है। ज्योतिष विरोधियों की मान्यता यह नहीं है कि ज्योतिषी नासमझ या असफल है, उनका कहना है कि ज्योतिष शास्त्र ही गलत है, अवैज्ञानिक, अप्रमाणित है।

बाइस सूत्रीय चुनौती

विज्ञान में नोबेल पुरस्कार प्राप्त बीस वैज्ञानिकों के साथ 166 अन्य प्रमुख वैज्ञानिकों ने ज्योतिष को अवैज्ञानिक और भविष्यवाणियों को बकवास कहा था। पं० गोपीनारायण मिश्र (ज्योतिष), पुरुषोत्तम जोशी (उज्जैन वेधशाला के पूर्व अध्यक्ष), डॉ० वाल्टर फ्रेंकलिन, डॉ० कोवूर और जवाहरलाल नेहरु ज्योतिष को नहीं माननेवालों में हैं। डॉ० कोवूर ने तो एक लाख रुपयों का पुरस्कार घोषित किया था। उनकी बाइस सूत्रीय चुनौती काफी प्रसिद्ध रही है। उसमें बाइसवें सूत्र के अनुसार, 'जन्म स्थान के अक्षांश-रेखांश तथा जन्म समय के शत-प्रतिशत सही निर्धारणवाली दस जन्मपत्रियों में सिर्फ इतना भर बताना था कि उनमें से कौन-कौन सी जीवित व्यक्तियों की तथा कौन-कौन सी महिलाओं की हैं।' देश-विदेश का कोई भी ज्योतिषी एक लाख रुपये के इनाम के बावजूद, चुनौती स्वीकारने सामने नहीं आया। (देखिए : ज्योतिष का सच : कादम्बिनी, नवम्बर 2004)

श्री अमृत लाल बेगड़ के मतानुसार प्राणी का भविष्य उसके मन के विचारों के अनुरूप ही प्रकट होता है। यानी मन की अवधारणा ही मनुष्य का भावी जीवन निश्चित करती है। अपने मत को प्रमाणित करने के लिए उन्होंने एक प्रसिद्ध लोककथा का उदाहरण भी दिया है। ज्योतिष विद्या के प्रति सन्देह व्यक्त करते हुए कहते हैं—भविष्य में जाने के लिए कोई लिफ्ट नहीं होती, सीढ़ियाँ ही चढ़नी

पड़ती हैं। फिर भी मनुष्य के मन में विशेष रूप से घबराए मनुष्य के मन में—अनागत को जानने की इच्छा रहती है। इसमें सन्देह नहीं कि हमारे जीवन में भाग्य की भूमिका रहती है। भविष्य में क्या होगा, यह जानने की उत्सुकता भी रहती है इसीलिए हम ज्योतिषियों के पास जाते हैं लेकिन जैसा कि शब्द में निहित है, ज्योतिष के पास 'ज्योति' है, मशाल नहीं। एक हल्की-सी ज्योति के सहारे भविष्य को देख पाना टेढ़ी खीर है। यही कारण है कि भविष्यवाणियाँ कभी सच निकलती हैं तो कभी गलत। वे कितनी ही गलत क्यों न निकलें, मनुष्य के मन में भविष्य को भाँपने की, भविष्य में ताक-झाँक करने की, चाह सदा बनी रहेगी इसलिए ज्योतिष और ज्योतिषी भी सदा बने रहेंगे। यहाँ हम ज्योतिष से सम्बन्धित कुछ सत्य घटनाएँ दे रहे हैं लेकिन आरम्भ में यह लोककथा—

होगा वही जो आपके मन में होगा

एक बार नारद विष्णु से मिलने गए। बातें पूरी होने पर जाने लगे तो विष्णु ने कहा, "नारद, अपना पंचांग देखकर यह तो बताओ कि वर्षा का क्या योग बनता है?" नारद ने पोथी-पत्रे निकाले और बारीकी से देखकर बताया कि, "प्रभु, वर्षा का दूर-दूर तक कोई योग नहीं।" इतना कहकर नारद चल दिए लेकिन अभी गली के मोड़ तक भी नहीं पहुँचे थे कि भारी वर्षा शुरू हो गई और भीगते नारद वापस आए। विष्णु ने हँसते हुए कहा, "नारद, अभी ही तो तुम कह रहे थे कि वर्षा का दूर-दूर तक कोई योग नहीं, फिर यह क्या हुआ?"

नारद ने कहा, "प्रभु, मैंने पंचांग की बात कही थी, आपके मन की नहीं। होगा वही जो आपके मन में होगा।"

श्री अभय कुमार दुबे आकर्षक उपाधियाँ धारण करनेवाले ज्योतिषियों पर आक्षेप करते हुए लिखते हैं—ज्योतिष और राजनीति के रिश्तों की जानकारी रखनेवालों को पता है कि भविष्यवक्ताओं की सौ फीसदी भविष्यवाणियाँ सौ फीसदी गलत हो जाएँ तो भी उनके पास नेता आते रहेंगे। राजनीति एक सट्टा बाजार है जिसमें चलनेवाले खेल में तख्त मिलता है या फिर तख्ता। इस तरह के कार्य-व्यापार में भविष्यवक्ता हमेशा चाँदी काटते हैं।

फलित ज्योतिष में कम्प्यूटर के प्रयोग पर खूब चर्चा हुई और दावे किए गए कि अगर कम्प्यूटर का इस्तेमाल ठीक से किया जाए तो गणना बेहतर की जा सकती है और भविष्यवाणी के गलत होने का प्रतिशत कम हो सकता है। इन ज्योतिषियों ने खुद को डॉक्टर, राज ज्योतिषी, ज्योतिषाचार्य, ज्योतिर्विद, प्रोफेसर इत्यादि की आकर्षक उपाधियों से विभूषित कर रखा है। इनमें से कई ज्योतिष की पत्रिकाएँ निकालते हैं और कई अखबारों में स्तम्भ लिखते हैं या टीवी पर

भविष्यदर्शन कराते हैं। कुछ ज्यादा गहरी हस्तियों ने इंस्टीट्यूट आफ एस्ट्रालाजी और नक्षत्र लोक ज्योतिष-विज्ञान संस्थान जैसे गुरु-गम्भीर नामों से संस्थाएँ खोल रखी हैं और खुद को उनका निदेशक घोषित कर रखा है। कुल मिलाकर उनका पूरा फंडा खुद को विज्ञानसम्मत घोषित करना है।

श्रीमती शीला दीक्षित मुख्यमन्त्री, दिल्ली सरकार ज्योतिष विद्या के प्रति सन्देहशील हैं। इसे माने या न माने, वे दुविधा में हैं। उनके कथनानुसार, "मेरा ज्योतिष में विश्वास है भी और नहीं भी। किसी भी चीज के कई पहलू होते हैं। अगर आपके बारे में या आपसे सम्बन्धित कोई बात सही निकल जाती है तो ज्योतिष पर विश्वास हो जाता है और अगर आपसे सम्बन्धित बात गलत साबित होती है तो अविश्वास हो जाता है। ठीक इसी प्रकार जब मुझसे सम्बन्धित कोई बात सही हो जाती है तो मेरा इस पर विश्वास हो जाता है लेकिन जब कोई बात गलत निकलती है तो मेरा इस पर अविश्वास हो जाता है।

लेकिन ज्योतिष या अन्य कोई भी विज्ञान केवल व्यक्तिगत आकांक्षाओं को पूरा करने तक ही सीमित नहीं होता। उसका एक सामाजिक महत्व भी होता है अगर यह समाज या देश के लिए उपयोगी नहीं है तो इसका अस्तित्व ही व्यर्थ है। आजकल हम प्रायः अखबारों में पढ़ते है—फलाँ तान्त्रिक ने फलाँ बच्चे या व्यक्ति की बलि चढ़ा दी, वह भी भगवान या ग्रहों को खुश करने के लिए तो ऐसे को आप क्या कहेंगे। और दुःख तो इस बात का है कि यह सब धर्म, ज्योतिष और तन्त्र-मन्त्र के नाम पर हो रहा है। अगर ज्योतिष की परिणति किसी मासूम बच्चे या व्यक्ति की बलि चढ़ाने में ही निहित है तो हमें न तो ऐसा ज्योतिष चाहिए और ना ही हमारा ऐसे ज्योतिष में विश्वास है। मेरा मानना है कि ऐसे तथाकथित ढोंगियों को सबक सिखाने में जन-साधारण को भी आगे आना चाहिए, जिससे ये लोग भोले-भाले लोगों को गुमराह करके अपना स्वार्थ सिद्ध न कर सकें।

श्री भानुप्रकाश सिंह, पूर्व केन्द्रीय मन्त्री एवं पूर्वराज्यपाल के अनुसार—मैं उन लोगों में से हूँ जो यह मानते है कि ज्योतिष एक पूर्ण विज्ञान है। जो ज्योतिषी इस विज्ञान के बारे में जितना ज्ञान रखते हैं, उसके मुताबिक भविष्यवाणियाँ करते हैं। यह उनके ज्ञान और अनुभव पर निर्भर करता है कि उनकी भविष्यवाणी कितनी सही साबित होती है। अगर भविष्यवाणी गलत होती है तो इसमें ज्योतिष-शास्त्र की कोई गलती नहीं।

दरअसल, भविष्यवाणी करनेवाले के लिए ज्योतिष-विज्ञान की जानकारी के साथ ही उसे जातक के सही जन्म-समय और जन्म-स्थान के बारे में भी ठीक-ठीक जानकारी होनी चाहिए। अक्सर गलत होनेवाली भविष्यवाणियाँ इस जानकारी के अभाव में भी होती हैं। ज्योतिषी की भविष्यवाणियाँ किस हद तक सही होती हैं।

इसके लिए मैं आपको अपना अनुभव बताता हूँ। 1991 में बाबा लक्ष्मणदास मदान ने 15 दिन पहले मुझसे कहा था कि आपको कोई बड़ा, महत्वपूर्ण पद मिलनेवाला है। मुझे उनके कहे पर भरोसा इसलिए भी नहीं हुआ क्योंकि उस समय मैं न तो एम.पी., एम.एल.ए. था और न ही राजनीतिक दल में भी किसी बड़े ओहदे पर था लेकिन 15 दिन बाद ही मैं गोवा का राज्यपाल बन गया। बाबा की भविष्यवाणी मेरे बारे में पूरी तरह से सच निकली। बाबाजी ने तेरहवीं लोकसभा के चुनावी नतीजों के बारे में भी भविष्यवाणी की थी कि इस चुनाव में राजग को बहुमत नहीं मिलेगा और अटल बिहारी वाजपेयी पुनः प्रधानमन्त्री नहीं बनेंगे। हाँ, उन्होंने यह भी बताया कि कांग्रेस अध्यक्ष सोनिया गांधी भी प्रधानमन्त्री नहीं बनेंगी। उनकी ये भविष्यवाणियाँ तो उनकी पत्रिका में भी छपी थीं।

यह तो निश्चित है कि ग्रहों का पृथ्वी पर, पेड़-पौधों, पशु-पक्षियों और मनुष्य पर भी असर होता है। उदाहरण के तौर पर हम देखें तो पूर्णिमा के समय पागल व्यक्ति और अधिक पागल हो जाता है और अमावस्या के समय वही व्यक्ति शान्त हो जाता है। समुद्र में पूर्णिमा के दिन ज्वार आता है जबकि अमावस्या को समुद्र शान्त होता है। कमल दिन में खिलता है और कुमुदिनी रात में। इस तरह के और भी बहुत सारे उदाहरण दिए जा सकते हैं जिनसे साबित होता है कि ग्रह हमारी जीवन दशा को प्रभावित करते हैं। ग्रहों की गणना और विश्लेषण भी ज्योतिषी की भविष्यवाणी को प्रभावित कर सकते हैं। ग्रहों की दशा आदि की गणना अगर सही है तो ज्योतिषी के ज्ञान और अनुभव पर भी उनकी भविष्यवाणी निर्भर करेगी। (देखिए, कादम्बिनी—नवम्बर 2004)

प्रतिष्ठित समाज सेविका तथा सांसद श्रीमती देशपांडे के अनुसार भविष्य केवल ईश्वर के हाथ में है। उनकी धारणा है, "कुरान शरीफ में कही गई बात याद आती है कि अल्लाह ताला ने कुछ बातें अपने हाथ में रखी हैं। उनमें से एक है—भविष्य का ज्ञान। भविष्य में क्या होगा इसकी जानकारी प्राप्त करने को ही एक तरह से मना किया गया है। एक पुरानी घटना याद आती है। जब नक्षत्र मंडल में अष्टग्रही योग का अवसर आया था। उस समय ज्योतिषियों ने कहा था कि दुनिया में बड़े पैमाने पर दुर्घटनाएँ होगी, लोग मरेंगे आदि। मुझे याद है कि उस समय भारत के प्रधानमन्त्री पंडित जवाहर लाल नेहरू ने कहा था कि ज्योतिषियों की इन बातों पर विश्वास नहीं करना चाहिए। वे उस समय लोगों के मन से भय निकालने के लिए जानबूझकर हवाई यात्राएँ किया करते थे। मैं भी उस समय रेलगाड़ी से यात्राएँ कर रही थी। उस समय मैं तीसरी श्रेणी के एक डिब्बे में बैठी थी। दुर्घटना की आशंका से सारा डिब्बा खाली था। केवल दो-तीन मुसलिम महिलाएँ ही उसमें बैठी थीं। इसका एक लाभ यह जरूर हुआ कि मैंने पूरी यात्रा आराम

से तय की।

वरिष्ठ पुलिस अधिकारी एवं संयुक्त राष्ट्र शान्ति सेना की सलाहकार सुश्री किरण बेदी ज्योतिष और ज्योतिषी को गाइड रूप में स्वीकार करते हुए कहती है—मैं ज्योतिष में विश्वास करती हूँ लेकिन मैं अन्धविश्वासी नहीं हूँ। मेरा मानना है कि ज्योतिष के माध्यम से परिस्थितियों का विश्लेषण कर भविष्यवाणी की जा सकती है। ये भविष्यवाणी अच्छे समय की भी हो सकती है और बुरे समय से सम्बन्धित भी लेकिन ज्योतिष की जो सबसे प्रमुख बात है कि इसे सकारात्मक होना चाहिए। मैं ज्योतिष पर निर्भर नहीं हूँ। मेरा कर्म में विश्वास है। हाँ, ज्योतिष मार्गदर्शक का कार्य जरूर कर सकता है। मेरी बेटी से सम्बन्धित एक घटना है। मुझे एक ज्योतिषी ने मेरी बेटी की बीमारी के बारे में पहले ही बता दिया था, जो सच साबित हुआ। ज्योतिष के माध्यम से आपको चेतावनी मिल जाने से आपको सँभलने का अवसर मिल जाता है। आप कोई उपाय कर सकते हैं। मेरा मानना है कि ज्योतिषी और ज्योतिष गाइड का काम करते हैं।

वरिष्ठ कवि, सुप्रसिद्ध लेखक तथा विख्यात शिक्षाशास्त्री श्री केदारनाथ सिंह ज्योतिष को अवैज्ञानिक मानते हैं। उनकी धारणा है—मैं ज्योतिष में विश्वास नहीं करता क्योंकि मुझे उसका कोई वैज्ञानिक आधार नहीं दिखता। मनुष्य के भाग्य का निर्णय उस तरह नहीं किया जा सकता, जिस तरह ज्योतिष विभिन्न खानों में बाँटकर करता है। ढाई अरब की मानव जाति के भाग्य को सिर्फ कुछ खानों में बाँटकर विभाजित करना भ्रामक है।

जहाँ तक ज्योतिष की गणना-पद्धति यानी शुद्ध गणित की बात है तो उसका आधार तो है। लेकिन ज्योतिष के जिस पक्ष की ओर हमारा ध्यान जाता है, वह है उसका यह दावा करना कि वह मनुष्य के भाग्य को पूर्वानुमान द्वारा पहले ही ज्ञात कर सकता है। ज्योतिष पर विश्वास न करने या न मानने का मेरा व्यक्तिगत कारण भी है। मेरे गुरुजी आचार्य हजारीप्रसाद द्विवेदी जो एक बड़े साहित्यकार होने के साथ-साथ ज्योतिष के भी आचार्य थे, फलित-ज्योतिष को लगभग बकवास मानते थे। अब याद करता हूँ तो याद आता है, मेरे पिताजी जिनका कुछ समय पहले निधन हो गया है, ज्योतिष में विश्वास नहीं करते थे। ये सारी बाते मेरे भीतर कहीं-न-कहीं मेरे बोध को बनाने में सहायक हुई हैं। मैं स्पष्ट शब्दों में कहना चाहता हूँ और मैं ऐसा महसूस भी करता हूँ कि यदि ज्योतिष की शिक्षा का बड़े पैमाने पर प्रचार-प्रसार किया गया तो इससे अन्ततः भाग्यवाद को ही बढ़ावा मिलेगा। यदि इसके लिए प्रमाण की आवश्यकता है तो संस्कृत विद्यालयों-महाविद्यालयों से जो लोग ज्योतिष का अध्ययन करके निकलते हैं, उनके बारे में छानबीन करने पर यह पता चलेगा कि वह कुल विद्या कुंडली बनाने और भाग्य का पूर्वानुमान

लगाने के अतिरिक्त किसी अन्य कर्म में शायद ही कभी प्रवृत्त होते हैं।

विख्यात आलोचक एवं वरिष्ठ कवि श्री अशोक वाजपेयी ज्योतिष की अपेक्षा कर्मवाद पर विश्वास रखते हैं, उनके अनुसार—"मैं ज्योतिष में विश्वास नहीं करता हूँ। दुर्भाग्यवश मैं किसी भाग्यनियन्ता में भी विश्वास नहीं करता हूँ। मेरा विश्वास कर्म और उसके प्रतिफल में है। मुझे लगता है कि अगर मेरा भाग्य पहले से ही नियत है तो फिर कर्म करना व्यर्थ होगा। यों तो हम सभी अपने कर्मों का फल भोगते हैं लेकिन जरूरी नहीं कि हर कर्म का फल निकले ही। साहित्य और कविता भी कर्म है पर उनका कोई फल निकलता है यह मैं नहीं जानता। थोड़ा जस-अपजस या कभी-कभार पैसा उनका सही या पर्याप्त फल नहीं देता। मैं इस अर्थ में अध्यात्म को मानता हूँ कि हमारा विराट से कोई सम्बन्ध या संवाद हो। मुझे यह सोचकर रोमांच जरूर होता है कि जैसा एक कवि ने कहा है, "मेरे जूते की कील तारों को गड़ती है" लेकिन मैं यह नहीं मान पाता कि मेरी नियति किन्हीं 'और' के हाथों में हैं और वे और समाज, इतिहास, संस्कृति न होकर तारे और नक्षत्र हैं।

कभी-कभी शगल के लिए अखबारों में प्रकाशित दैनिक भविष्यफल पढ़ लेता हूँ लेकिन उसे बहुत जल्दी भूल जाता हूँ। उसके अनुरूप कुछ हुआ हो ऐसा याद नहीं आता, न मेरा अनुभव है।

सुप्रसिद्ध एवं विख्यात हास्य कवि श्री सुरेन्द्र शर्मा भी ज्योतिष विद्या के प्रति सन्देहशील हैं। भाग्यवाद में उनका अटूट विश्वास है। उनका मानना है कि रत्न धारण करने से भाग्य नहीं बदल सकता। उनके शब्दों में, "ज्योतिष में मेरा विश्वास नहीं है पर कोई ज्योतिषी दिखाई दे जाता है तो मैं अपने हाथ जरूर दिखा देता हूँ। ज्योतिष के विद्या होने का दावा करनेवाले लाखों की संख्या में हैं लेकिन हकीकत में सही रूप में इसकी जानकारी सैकड़ों को भी नहीं होगी। आप अपनी जन्म-कुंडली एक हजार ज्योतिषियों के पास भिजवा दें, उन सबकी भविष्यवाणी अलग-अलग होगी। जिस तरह हीरे की कीमत हर एक जौहरी अपने हिसाब से अलग बताता है, उसी तरह भविष्यवाणियों में अन्तर देखकर भी आपका दिमाग चकराने लगता है कि आखिर वास्तविकता क्या है? हर एक अखबार में भविष्यवाणी के स्तम्भ छपते हैं, उस हिसाब से एक खास तारीख को जन्म लेनेवाला व्यक्ति भिखारी भी हो सकता है और उद्योगपति भी? दोनों का भविष्य एक तराजू पर तौलना कभी भी न्यायसंगत नहीं कहा जा सकता है। कोई पत्थर पहनकर आपका संकट टल जाएगा, यह तर्क के अलावा कुछ नहीं है। हाँ पत्थर बेचकर आप कुछ अर्जित जरूर कर सकते हैं।

वरिष्ठ कवि श्री राजेश जोशी की दृष्टि में ज्योतिष काल्पनिक आकाश में घोड़े दौड़ाना है। हस्तरेखा विज्ञान पर तो उन्होंने खुलकर सन्देह व्यक्त किया है।

उनका कहना है–"हस्तरेखा विज्ञान तो और भी दिलचस्प है। एक हथेली में पूरा ब्रह्मांड भी है और मनुष्य का पूरा अभ्यन्तर भी। उसका दिमाग, उसका हृदय और उसकी आयु। उसके रोग-शोक, प्रेम और उसकी यात्राएँ। अमूर्त-सी कटी-पिटी रेखाओं में पता नहीं क्या-क्या लिखे होने की अद्‌भुत कल्पनाएँ हैं। इस हथेली में सूर्य है, बुध है, मंगल, शुक्र, शनि और गुरु है। वहाँ हमारी कीर्तियों और हमारे पतन की कल्पनाएँ की गई हैं। इन अमूर्त रेखाओं और पर्वतों से हजारों-लाखों इंटरप्रिटेशंस और अनुमान लगाए गए हैं। इस अमूर्त्तता में कल्पना के घोड़े दौड़ाने के लिए सारे क्षितिज खुले पड़े हैं। मनुष्य लेकिन किसी भी चीज को अमूर्त्त नहीं रहने देता। उसमें जानने की अद्‌भुत भूख है। नहीं जाने जा सकनेवाले भविष्य को, यह जान लिया गया बनाना चाहता है। यह अपने अनुमान को एक शस्त्र बना देता है। अमूर्त्त को मूर्त्त और मूर्त्त को अमूर्त्त बनाने की यह प्रक्रिया दिलचस्प है।

जानेमाने चित्र व्यंग्यकार (कार्टूनिस्ट) श्री सुधीर तैलंग ज्योतिष को कोरा मनोरंजन मानते हैं। उनकी धारणा है–जहाँ तक मेरी ज्योतिष पर विश्वास की बात है तो न मेरा विवाह जन्मपत्री के मिलाने से हुआ और न ही मेरे साथ कोई ऐसी घटना घटी जो ज्योतिष से प्रभावित हो। हाँ, अगर मनोरंजन की दृष्टि से देखा जाए तो मुझे ज्योतिष अच्छा लगता है। सबसे मनोरंजक समाचार-पत्रों में छपनेवाले भविष्यफल होते हैं। मैं इस भविष्यफल को चुटकुलों से ऊपर रखता हूँ। मेरा मानना है कि ज्योतिषी अच्छे हास्य-व्यंग्य के कवि बन सकते हैं। प्रायः ज्योतिषी तीन बातें जरूर बताते हैं कि आग, पानी, बिजली से दूर रहें। पैसा तो कमाते हैं लेकिन खर्च हो जाता है। आप तो अच्छे इन्सान हैं लेकिन दूसरे आपका भला नहीं चाहते। ज्योतिष में दुनिया को बारह खानों में बाँटकर देखा जाता है। हर रोज दुनिया में बारह तरह का भविष्यफल होता है। तो क्या दुनिया भी बड़े व्यवस्थित ढंग से चल रही होगी? मैं इतना जरूर कहूँगा कि मुझे काले कपड़े पहनने का शौक है लेकिन इसमें ज्योतिष की कोई भूमिका नहीं है। मैं काले कपड़े पहनता हूँ क्योंकि मुझे यह रंग पसन्द है।

विश्वविख्यात लेखक, साहित्यकार, स्तम्भकार एवं विचारक सरदार खुशवन्त सिंह ज्योतिष विद्या के प्रति सदा सन्देहशील रहे हैं। यत्र तत्र वे इस विद्या को चंडुखाना, मदारीगिरी और अटकलबाज़ी आदि संज्ञाओं से अभिहित करते रहे हैं। ज्योतिष पर उनकी छींटाकशी अपना अलग अन्दाज़ रखती है। उनके अनुसार मैं इनसे जानना चाहता हूँ कि किसी ज्योतिषी ने बापू की हत्या, देश के विभाजन और अमेरिका में आतंकी कार्रवाई की पहले से भविष्यवाणी क्यों नहीं की? मुझे सच में बहुत कोफ्त होती है जब किसी घटना के बाद कोई ज्योतिषी दावा करना

शुरू कर देता है कि उसने फलाँ-फलाँ घटना के बारे में पहले ही बता दिया था हालाँकि इन दावों में कोई दम नहीं होता। अखबारों और पत्रकारों में छपनेवाले भविष्यफल के कालमों को लेकर पाठकों का उत्साह देखकर मुझे बहुत निराशा और हताशा होती है।

पूरी दुनिया का भविष्य बारह राशियों में

ज्योतिषी पूरी दुनिया का भविष्य बारह राशियों में उनकी जन्म तिथि के हिसाब से समेट देते हैं। उदाहरण के रूप में संसार के सभी सिंह राशि में जन्मे लोगों के लिए एक जैसा भविष्य होगा। क्या ऐसा मुमकिन है? पर पाठकों को इस तर्क से क्या लेना-देना। मुझे मेरे एक सम्पादक दोस्त बता रहे थे कि कई बार उनके अखबार में साप्ताहिक भविष्यफल का कालम नहीं आ पाता तो वे गुजरे चन्द हफ्तों के दौरान छपे कालम को फिर से छाप देते हैं। मैं समझता हूँ कि सब अखबार और पत्रिकाओं के सम्पादक ऐसा ही करते हैं। सद्दाम हुसैन (जन्म 28 अप्रैल) और सचिन तेंदुलकर (24 अप्रैल) की वृष राशि है। अब इस भविष्यफल लिखनेवालों से कोई पूछे क्या इन दोनों का एक भविष्यफल होगा? पर यह तो ऐसा करते हैं। पिछले साल एक के खिलाफ अमेरिका अभियान चला रहा था तो दूसरा अपने बल्ले की बदौलत शिखर को छू रहा था।

दी ट्रिब्यून शनिवार सितम्बर 20, 2003 के अंक में स. खुशवन्त सिंह का ज्योतिष सम्बन्धी एक लेख प्रकाशित हुआ है। इसमें उन्होंने ज्योतिष को छल, कपट या फिर पाखंड (Humbug) कहा है। यही नहीं रेखा-शास्त्र, वास्तु, फेंग शुई, अंक विद्या, भृगु, टैरेट कार्ड आदि को भी ऐसा ही स्वीकार किया है। उनके इस मत का आधार वी० के० मदान की पत्रिका 'बाबा जी' में प्रकाशित कुछ भविष्यवाणियाँ हैं जो शायद ठीक (सत्य) सिद्ध नहीं हुई। इसी प्रकार कुछ वैज्ञानिकों द्वारा एक ही लगन यानी—सिंह, कन्या या वृश्चिक में जन्मे असंख्य लोगों के स्वभाव आदि के आधार पर यह स्थापित किया गया कि महज एक ही राशि में जन्मे लोगों में पर्याप्त विषमता होती है। यही नहीं सरदार जी ने अपने बवंडरी दावे के अनुसार यहाँ तक कह दिया है कि ज्योतिष में अन्धविश्वास के कारण संसार के अन्य देशों में, भारत हँसी-मजाक का पात्र बन रहा है। अतः जिस प्रकार सिगरेट वाले विज्ञापनों में चेतावनी रूप में यह लिखा जाता है 'सिगरेट पीना स्वास्थ्य के लिए हानिकारक है' इसी तर्ज पर ज्योतिष सम्बन्धी प्रोग्रामों पर यह लिख दिया जाए, 'ज्योतिष पर विश्वास मानसिक (दिमागी) स्वास्थ्य के लिए हानिकारक है'।

श्री वीर संधवी देश के प्रबुद्ध स्तम्भकार एवं राजनीतिक विचारक हैं। हिन्दुस्तान टाइम्स रविवार जुलाई, 26, 2002 के अंक में उनका लेख 'ऑफ

नास्त्रेदम्स एंड अदर फ्राड्ज' प्रकाशित हुआ है जिसमें ज्योतिष विद्या के बारे में चर्चा की गई है। श्री वीर संधवी का कहना है,

"मेरे 25 वर्षीय पत्रकारिता के जीवन में कई नामी ज्योतिषियों ने मुझसे सम्पर्क किया कि मैंने उन (ज्योतिषियों) की जैसी कलाकारी सीख रखी है। जब भी उन्हें कुछ सुस्पष्ट पूछा गया वे इधर-उधर की हाँकने लगे। जब उन्हें चेताया गया कि उनकी भविष्यवाणी गलत हुई, वे छलपूर्वक पीड़ा छुड़ा गए। भारत में ज्योतिषी अपने ग्राहक बढ़ाने के लिए राजनीतिक भविष्यवाणियाँ करते हैं; एक बार मीडिया में आने पर ज्योतिषकीय 'सुपरस्टार' का दावा करने लगते हैं। ऐसे में वे ज्योतिष शास्त्र का बड़ा अहित करते हैं। मैं ज्योतिषी से सलाह नहीं लेता परन्तु एक सामान्य भारतीय की तरह इस विद्या को नकारता भी नहीं। व्यापक धारणाओं से जुड़े ज्योतिष में कुछ सार तत्व है परन्तु जैसे ही छद्मी लोग इसे स्वार्थहित के लिए प्रोत्साहित करने लगते हैं, यह कलंकित हो जाती है।"

सन्देह का निवारण

कथित सभी विचारक अपने अपने क्षेत्र में अत्यन्त प्रतिष्ठित एवं स्थापित व्यक्ति हैं। ज्योतिष के प्रति उनकी सन्देहात्मक अवधारणा उनके निजी विश्वास, आस्था एवं दृष्टिकोण पर आधारित है। अतः इस सम्बन्ध में मैं कोई व्यक्तिगत टिप्पणी करना जरूरी नहीं समझता और न ही ऐसा करने का मेरा कोई अधिकार बनता है। हाँ, सुहृदय पाठकों की दिशा-निर्देश एवं ज्योतिष के प्रति उठे अस्वस्थ दृष्टिकोण के प्रति अपने विचार व्यक्त करना अपना मौलिक कर्तव्य जरूर समझता हूँ ताकि कथित सुधी विद्वानों के इस विद्या के बारे में दिए गए मत एवं विचार एकतरफा न रह जाएँ।

सभी जानते हैं मनुष्य एक विवेकशील प्राणी है। उसका किसी भी विचार, दर्शन या आस्थागत विद्या के प्रति सन्देहशील होना स्वाभाविक है। उसके सन्देह अथवा विरोध का आधार यदि ठोस तर्क एवं वैज्ञानिक है तो इस पर ज़रूर विचार होना चाहिए।

प्रायः देखने में आता है जो लोग ज्योतिष के प्रति नकारात्मक दृष्टिकोण रखते हैं कई बार वे ऐसा महज ज्योतिषी को नीचा दिखाने के लिए करते हैं।

जो विद्वान ज्योतिष को चंडूखाना, कपट और पाखंड कहकर इस शास्त्र की अवमानना करते हैं, उन्हें ज्योतिष विद्या के बारे में क-ख-ग भी नहीं आता।

ज्योतिष को अटकलबाजी या मदारीगिरी कहने से पूर्व आरोपकर्ताओं को किसी अच्छी ज्योतिषकीय शैक्षणिक संस्था में चार-छह महीनों तक मनन अध्ययन

करना चाहिए या फिर किसी सुविज्ञ ज्योतिषी के समीप बैठकर इस विद्या का मूल गणित आधार सीख लेना चाहिए।

ज्योतिष का सुविज्ञ छात्र यदि ज्योतिष के किसी सिद्धान्त या विचारधारा पर कोई आरोप, आक्षेप या सन्देह व्यक्त करता है तो बात हमारी समझ में आती है। सड़क पर चलते-चलते मात्र मजाक या रसिया भाव से कोई ज्योतिष को कलंकित करने का प्रयास करता है तो ऐसी स्थिति ज्योतिष के प्रत्येक छात्र के लिए असह्य हो जाती है।

उच्च पदवियों पर आसीन कुछ मनीषी, साहित्यकार, राजनेता, पत्रकार और स्तम्भकार महज अपने शब्द-तन्त्र और लच्छेदार, लययुक्त एवं लुभावनी भाषा के प्रदर्शन हेतु ज्योतिष शास्त्र के ज्ञाताओं की तुलना सर्कस के खिलाड़ियों से करते रहते हैं।

ज्योतिष के प्रति तिरस्कार भाव रखनेवाले मनीषी ज्योतिष की सही एवं गहन स्थिति से परिचित नहीं है। इन लोगों के आक्षेपों का बहुधा आधार दैनिकों में छपने वाले विवरण हैं या फिर राजनीतिक ज्योतिष विचार। ये विवरण ज्योतिषकीय विद्या को समझने के लिए नाकाफी हैं या यूँ कहो बेकार और सन्दर्भहीन हैं।

दैनिक पत्र-पत्रिकाओं में छपनेवाले विवरण पत्रकारों और स्तम्भकारों के राजनीतिक विचारों के ही सहभावी हैं। बहुधा स्तम्भकार देश की सामयिक गतिविधियों को देखते हुए आनेवाली सरकार के बारे में भविष्यवाणी थोप देते हैं। ये सभी विचार, अटकलें और भविष्यवाणियाँ अनुमान आश्रित होती हैं। ऐसी ही स्थिति उन ज्योतिषियों की है जो देश के राजनीतिक वातावरण पर बिना ठोस आधार या गणित के अपने विचार व्यक्त करते हैं।

ज्योतिष का ठोस आधार गणित और समय साधना है। यह विद्या व्यक्ति विशेष के भविष्य का निर्णय करती है। न कि सामूहिक गतिविधि का विश्लेषण। इस बात को ठीक से समझने की जरूरत है। व्यक्ति का भविष्य जानने के लिए शुद्ध जन्मकाल, तिथि और स्थान अपेक्षित हैं। हर व्यंक्ति अपना नितान्त अलग भविष्य लेकर संसार में आता है। सामूहिक वातावरण से उसका भविष्य जोड़ा नहीं जा सकता। अँगूठे का चिह्न किसी एक का दूसरे से मेल नहीं रखता। फिर भला भाग्य एक सा कैसे हो सकता है?

अब रही बात देश के बँटवारे की। ज्योतिष को पाखंड कहनेवाले पूछते हैं, भला बँटवारे के बारे में किसी ज्योतिषी ने भविष्यवाणी क्यों नहीं की? ऐसा कहनेवाले शायद ज्योतिषी को इश्तहार बाँटने वाला मुंडू समझते हैं। जब तक कोई श्रद्धालु किसी सुविज्ञ ज्योतिष ज्ञाता से प्रश्न ही नहीं करेगा, भला समाधान कैसे पाया जा सकता है। प्रश्नकर्ता जिस भाव से प्रश्न प्रस्तुत करता है, सुधी ज्योतिषी उसी प्रकार इसका उत्तर देता है। देश के बँटवारे का प्रश्न पूछनेवाला भला कौन था, जिसे सही

उत्तर नहीं दिया गया।

इसी सन्दर्भ में एक और महत्वपूर्ण प्रश्न हो जो सदा चर्चा का विषय रहता है। वह है, देश का अगला प्रधानमन्त्री कौन होगा? जो राजनेता, पत्रकार और स्वयं ज्योतिर्विद ऐसा प्रश्न करते हैं वे सभी ज्योतिष के मूल सिद्धान्तगत भाव से पूर्णतया अनभिज्ञ है। देश का अगला प्रधानमन्त्री कौन होगा, इसकी भविष्यवाणी करने के लिए निम्न सामग्री वांछित है–

(क) राष्ट्र की कुंडली (भारत के सन्दर्भ में स्वतन्त्र भारत का स्थापना अवसर)

(ख) जिस वर्ष में लोकसभा के चुनाव हैं उस वर्ष की कुंडली।

(ग) लोकसभा के चुनावों में भाग लेने वाले राजनैतिक दलों की मूल-उद्‌गम एवं स्थापना कुंडली।

(घ) उन सभी व्यक्तियों की जन्म कुंडलियाँ जो चुनाव के बाद विभिन्न दलों द्वारा प्रधानमन्त्री पद के प्रत्याशी हैं।

कहने की आवश्यकता नहीं है कि उक्त विवरण के अभाव में जो ज्योतिषी या स्तम्भकार भावी प्रधानमन्त्री के बारे में जो भी भविष्यवाणी करता है वह पूर्णतया अनुमान आश्रित होती है जिसका ज्योतिषकीय विद्या से कोई सरोकार नहीं है।

यहाँ यह भी स्पष्ट करना जरूरी बनता है कि सम्पन्न देशों में बहुत महँगी रेस मे भाग लेनेवाले घोड़ों तथा घुड़सवारों (जॉकी) तक की जन्म-कुंडलियाँ बाँची जाती हैं ताकि यह पता लगाया जा सके कि किस रेस में कौन-सा घोड़ा जॉकी विजयी होंगे।

चौथा अध्याय

ज्योतिष और कम्प्यूटर
वरदान या अभिशाप
उपयोगिता
फलित और कम्प्यूटर–सीमा एवं सन्देह

ज्योतिष और कम्प्यूटर

कम्प्यूटर ने आधुनिक जनजीवन में क्रान्तिकारी परिवर्तन उत्पन्न किया है इस वैज्ञानिक यन्त्र ने समूचे विश्व को एकसूत्र में बाँधते हुए मानव को मानव के अत्यन्त निकट ला दिया है। विश्व एक लघु ग्राम में बदलने लगा है। कम्प्यूटर की सहायता से व्यक्ति के मस्तिष्क की हर अवधारणा सम्भव होने लगी है। यही कारण है कि यह यन्त्र आज के सामाजिक जीवन में अपना एकछत्र अधिकार बनाता जा रहा है। शिक्षा के क्षेत्र में तो हर रोज नये-नये आयाम खुलते जा रहे हैं। परम्परागत भाषाएँ और आदान-प्रदान के सभी साधन नये रूपों में प्रकट हो रहे हैं। आज व्यक्ति उठता है, तो कम्प्यूटर के साथ, सोता है तो कम्प्यूटर के साथ–खाता, पीता, जागता और जो भी क्रिया-कलाप करता है–सब कम्प्यूटर के साथ। भाव यह कि यह यन्त्र आज हमारी प्रत्येक साँस में समा गया है। इसके अभाव में मानव जीवन के किसी भी भावी रूप या आकार की कल्पना ही नहीं की जा सकती। क्षेत्र चाहे कोई भी हो, कम्प्यूटर के बिना हर चिन्तन अधूरा प्रतीत होता है। नई पीढ़ी तो इस पर पूर्णतया आश्रित है। उसके लिए तो इस यन्त्र के अभाव में एक कदम चलना भी दुष्कर हो जाता है।

कम्प्यूटर वैज्ञानिक युग की देन है। अन्य वैज्ञानिक उपलब्धियों की भाँति कम्प्यूटर भी दोषमुक्त नहीं है। युवा मानस जीवन की प्रत्येक गतिविधि के लिए इस यन्त्र पर इतना आश्रित हो गया है कि उसका व्यक्तिपरक चिन्तन सर्वथा

कुंठित हो गया है। स्वतन्त्र ढंग से सोचने-समझने तथा नवीन उत्प्रेरणा की भावना से वह वंचित होता जा रहा है। विज्ञान वरदान भी है तो अभिशाप भी है। इसी प्रकार कम्प्यूटर भी अभिशाप से मुक्त नहीं है। ज्योतिष के क्षेत्र में तो इसका प्रवेश अभिशाप ही नहीं घातक भी है।

कम्प्यूटर और ज्योतिष का स्मरण होते ही अतीत की कुछ स्मृतियाँ अनायास ही मेरे मनः पटल पर उभरने लगती हैं। ज्योतिष के क्षेत्र में अभी कम्प्यूटर का प्रचलन अधिक नहीं है। मेरे एक अन्तरंग युवा मित्र हैं विवेक भारती—सुविज्ञ ज्योतिषी हैं, शहर में अच्छा नाम और स्थान है। एक दिन मेरे पास आए, बड़े उत्साहित और प्रसन्नचित थे। समीप बैठते ही अत्यन्त आत्मीय ढंग से बोले, "मैंने कम्प्यूटर पर काम शुरू कर दिया है। शहर में मैं पहला ज्योतिषी हूँ जो कम्प्यूटर से भविष्यवाणी करेगा।"

मैंने जिज्ञासुभाव से उसके गर्वित एवं प्रसन्नचित चेहरे की ओर देखा। केवल इतना कहा, "तो..."

उत्तर में उछलते हुए पुनः बोले, "बस अब तो ज्योतिष के विज्ञान में क्रान्ति आ जाएगी। बस आपका आशीर्वाद लेने आया हूँ।" विवेक भारती का उत्साह अभी भी पूर्ववत् ही था। मैंने तनिक खाँसते हुए कहा, "कम्प्यूटर आपके लिए शुभ रहे। नये यन्त्र पर मेरे आशीर्वाद की क्या जरूरत है?"

"नहीं सर," भारती ने तुरन्त मेरी बात काटते हुए कहा, "आप ज्योतिष विद्या के विशेष ज्ञाताओं में से हैं। इस विषय में..."

मैंने दीर्घ श्वास लेकर अपना शरीर कुर्सी पर ढीला छोड़ दिया। दृष्टि छत पर टिकी थी। तनिक सोचते हुए उत्तर दिया, "भारती जी, मैं ज्योतिष के क्षेत्र में कम्प्यूटर के योग को हानिकारक ही नहीं विनाशक भी मानता हूँ।"

सुनते ही भारती जी उछल से पड़े, कहने लगे, "नहीं सर, ऐसा मत कहिए। कम्प्यूटर के प्रयोग से ज्योतिषीय विषयों में जो क्रान्ति आएगी, उसकी कल्पना नहीं की जा सकती। घर-घर तक ज्योतिष का प्रचार होगा। जो लोग इस शास्त्र को विज्ञान नहीं मानते वे भी शीश झुकाने लगेंगे—बस, आप देखते जाइए अब तो ज्योतिष विज्ञान का..."

भारती जी कहते-कहते कुछ रुके। मैंने उनकी ओर देखा, आँखों में विशेष चमक थी। स्पष्ट था कि वे अपनी उपलब्धि पर गर्वित हैं। मैंने पुनः सरल भाव से कहा, "ज्योतिषियों की नई पीढ़ी को वैसे ही कुछ आता-जाता नहीं है; रही-सही कसर यह कम्प्यूटर पूरी कर देगा। कम्प्यूटर का योग ज्योतिष के प्रसार में सफल क्रान्ति नहीं सर्वनाश की पृष्ठभूमि बनेगा।

"सर, वह कैसे?" भारती के मस्तक पर गहरी तिरछी रेखाएँ स्पष्ट थीं।

मैंने उसकी शंका का निवारण करते हुए कहा, "ज्योतिष विद्या की प्राप्ति गुरु-शिष्य परम्परा की देन है। सुविज्ञ गुरु के आशीर्वाद के बिना इसका आन्तरिक ज्ञान सम्भव नहीं है। भारतीय ज्योतिष के जिज्ञासु प्रबुद्ध शिक्षकों के चरणों में बैठकर गणित ज्योतिष का ज्ञान प्राप्त करते रहे हैं। गणित का लेखा-जोखा–जन्मपत्री आदि का अंकन विधिवत् ढंग से करते आ रहे हैं। ज्योतिषीय गणित सुगम नहीं है, इसे धीर-धीरे, चरण-दर-चरण, सीढ़ी-दर-सीढ़ी सीखना पड़ता है। जन्मपत्री का पूर्ण गणित सीखने में छात्र को कई वर्षों तक अध्ययन अन्वेषण करना पड़ता था। इसी मध्य वह..."

भारती जी ने मेरी बात अनसुनी करते हुए बीच में ही मुझे टोक दिया। हाथ पर हाथ मारते हुए उच्च स्वर में कह दिया, "सर, यही तो मैं कहता हूँ। कम्प्यूटर ने ज्योतिष के छात्रों को गणित की लम्बी-चौड़ी खजालत से मुक्ति दिला दी है। अब तो बस बटन दबाओ जन्मपत्री का विवरण पाओ–वाह! कैसा कमाल है यह। मिनटों में ज्योतिष सीखो और–"

भारती जी निरन्तर कहते चले गए और मेरे पास उन्हें सुनने के अलावा कोई और विकल्प नहीं था। अपने कम्प्यूटर की देन पर इतने गर्वित थे कि कोई अन्य तर्क सुनने तक को तैयार नहीं थे।

खैर, जैसे-तैसे मैंने उनके लम्बे एवं निरन्तर भाषण को निगल लिया। बात हुई और बीत गई। लगभग पाँच वर्ष के लम्बे अन्तराल के बाद भारती जी से इसी विषय पर पुनः वार्ता हुई। हम दोनों एक सेमिनार में थे। मुझे देखते ही भारती जी पुराना सन्दर्भ फिर से खोलने लगे। इस बार शायद वह अपनी भूल को सुधरने में लगे थे। ज्योतिष के क्षेत्र में कम्प्यूटर के योगदान पर निराशा व्यक्त कर रहे थे। कम्प्यूटर ज्योतिष के लिए वरदान की अपेक्षा अभिशाप अधिक है, शायद इसी ओर मेरा ध्यान आकर्षित करना चाहते थे। मेरे हाथ पर हाथ रखते हुए बोल उठे, "सर, आपने ठीक कहा था। इधर कम्प्यूटर के नौसिखिये ज्योतिषियों ने हम गुरु-गद्दी वालों की तो खटिया ही खड़ी कर दी है। जिसे देखो कम्प्यूटर पंडित का बोर्ड लटकाये बैठा है। पनवाड़ी, साइकिल पंचर लगानेवाला, सब्जी बेचनेवाला, दफ्तरों, बैंकों के अधिकारी–जिसे देखो ज्योतिषी बने फिरते हैं। यही नहीं कई ज्योतिषी तो स्वयं को कम्प्यूटर पंडित का तिलक भी देते है।। सुबह कम्प्यूटर का बटन दबाने से पूर्व कम्प्यूटर की आरती उतारते हैं, ऐसी स्थिति में हमारा मस्तक तो लज्जावश झुका ही रह जाता है।

कुछ समय के लिए हम दोनों ही मौन रहे। मेरे पास इस दिशा में कुछ जोड़ने के लिए विशेष नहीं था। भारती जी स्वयं ही अपने अनुभव से सब कुछ स्पष्ट करते जा रहे थे। इसी कड़ी में अगली गिरह लगाते हुए पुनः बोले, "और तो

और–यह कम्प्यूटर तो अब फलित भी देने लगा है। सत्यानाश पर सवा सत्यानाश। जो कुछ सी.डी. ने उतारा वही फलादेश रूप में जन्म पत्रिका पर चेप दिया। सबसे बड़ी हैरानी और मूर्खता तो इस बात पर प्रकट होती है जब एक ही फलादेश दस दस जन्म-पत्रिकाओं पर ठप्पा दर ठप्पा लगता चला जा रहा है। भला कम्प्यूटर का यह फलित...ओफ!''

स्पष्ट था भारती जी ज्योतिष क्षेत्र में कम्प्यूटर के योगदान पर सिर धुन रहे थे। आँखों में अभी भी जिज्ञासा भाव विद्यमान था। मैंने तनिक सोचते हुए कहा, ''भारती जी, हर यन्त्र की अपनी सीमाएँ होती हैं। विज्ञान की अपनी सीमा है–कम्प्यूटर भी इससे हटकर नहीं हैं। ज्योतिष में फलित ही सबसे प्रमुख और महत्वपूर्ण अंग है। सामान्य जातक गणित को जानना नहीं चाहता, न ही इनमें उसकी रुचि हो सकती है। वह तो सीधे में यह जानने को उत्सुक रहता है–कल कैसा होगा? उसका भाग्य कब उदय होगा? आदि, आदि।

कुछ क्षण हम दोनों ही मौन बने रहे। भारती जी ने पुनः मेरी ओर देखा, साँस भरकर बोले, ''ऐसे में तो ज्योतिष का भविष्य?''

मैंने बात काटते हुए उत्तर दिया, ''फलित ज्योतिष का आधार व्यक्तिगत अनुभव से जुड़ा हुआ है। इसमें अनुभव, कल्पना, अन्तःप्रेरणा, दैवी आशीष और अन्तःप्रज्ञा का बड़ा योगदान है। कम्प्यूटर कल्पना और अन्तःप्रज्ञा से कोसों दूर है। इसीलिए फलित के क्षेत्र में इसका प्रयोग अत्यन्त विनाशकारी है। जैसे 'मेडिकल साइंस' में कम्प्यूटर की अपनी सीमा है, उसी प्रकार ज्योतिष के फलित अंग में भी यह असमर्थ है। जो विद्या अन्तर्ज्ञान से जुड़ी है, कम्प्यूटर उसके लिए मृत-अश्व की सवारी जैसा है। ज्योतिष तो है ही अन्तःप्रकाश का दूसरा नाम।''

कुछ क्षण पूर्ववत् मौन गाम्भीर्य में बीत गए। मैंने वार्ता को नई दिशा प्रदान करते हुए पुनः कहा, ''बहुत पहले मैंने गुरु-शिष्य परम्परा की बात की थी। उसे ही पुनः स्पष्ट करना चाहूँगा। शिक्षक के साथ गणित का अभ्यास करते-करते सुविज्ञ पाठक धीरे-धीरे फलित योग पर भी ध्यान केन्द्रित करता जाता है, फलित को नित्य आत्मसात करते-करते वह फलित ज्ञान को इतना परिपक्व कर लेता है कि व्यावहारिक जीवन में उसे पुनः असुविधा का सामना नहीं करना पड़ता। गणित सीखते-सीखते उच्च कोटि के स्थापित फलित योग स्वतः उसकी साँसों में समाते चले जाते हैं। ऐसे में पाठक का ज्योतिष ज्ञान पूर्ण ही नहीं परिपक्व भी हो जाता है; परन्तु आजकल तो–''

मैंने साँस लेकर हताशा भाव व्यक्त कर दिया। भारती ने अपनी ओर से कुछ जोड़ते हुए कहा, ''अब तो कम्प्यूटर वालों ने ज्योतिष की शिक्षा के लिए छोटी-बड़ी संस्थाएं भी खोल दी हैं। छह-सात महीनों के कोर्स के उपरान्त अपनी

संस्था का अधिकार पत्र जारी कर देते हैं। उसके बलबूते पर अल्पज्ञ और मेढकी ज्योतिषी कार्यालय के बाहर नाम-पट पर ज्योतिष-सम्राट या फिर ज्योतिष महा-सम्राट् जैसे महा-वाक्य लिखकर सामान्य लोगों को अन्धकार में धकेलते जाते हैं। भविष्य में ज्योतिष-शास्त्र का क्या रूप होगा, भगवान जाने।''

''भारती जी,'' मैंने उसका ध्यान अपनी ओर आकृष्ट करते हुए कहा, ''कम्प्यूटर-ज्योतिष एक व्यावसायिक धन्धा बनकर रह गया है। इनका ध्येय मात्र साफ्टवेयर या पंचांग आधारित सी०डी० बेचने तक ही है। कोई सधी पाठक ज्योतिष का ज्ञान प्राप्त करके कम्प्यूटर की सी०डी० आदि का व्यापार ही कर पाता है; ज्योतिष शास्त्र का विधिवत अध्ययन उसकी पहुँच से दूर रह जाता है।

भारती जी से इस विषय में फिर चर्चा का अवसर नहीं मिला। इस दिशा में स्वयं कई बार विचार करता रहा। अन्ततः यही परिणाम निकला, कम्प्यूटर का प्रयोग कोरे गणित की सुविधा के लिए किया जा सकता है जैसा कि छोटी-बड़ी दुकानों पर हिसाब-किताब के लिए होता है। कम्प्यूटर ज्योतिषी पर एक कहावत पूर्णतया लागू होती है–'लिटल नॉलेज इज़ ए डैंजर्स थिंग' यानी किसी भी विषय का अल्पज्ञान घातक है। जो भविष्य वक्ता चार-छह महीने किसी संस्था से अकड़-बकड़ सीखकर कम्प्यूटर के सहयोग से इस विद्या के महासागर में गोता लगाने के लिए तत्पर रहते हैं, वे स्वयं तो डूबेंगे ही साथ में जजमान को भी ले डूबेंगे।

इस सन्दर्भ में जम्मू के विख्यात ज्योतिषी श्री तिलकचन्द 'तिलक' के विचार विशेष रूप से उद्धरणीय है। उन्होंने अपनी पुस्तक 'फलित ज्योतिष रेडी रेकनर' के पृष्ठ 13-14 पर कम्प्यूटर सम्बन्धी विचार उद्धृत किए हैं। उनके अनुसार–''ज्योतिष पर हो रहे अनुसन्धानों पर यदि दृष्टि डालें तो यह स्पष्ट हो जाता है कि ज्योतिष की इस विद्या को वैज्ञानिक स्वीकार करने लगे हैं–ग्रहणों के निश्चित समय आदि कुछ ऐसे व्यावहारिक उदाहरण हैं, जिनमें ज्योतिष की साख पर कोई नकार नहीं पा रहा है, इसीलिए गणित-ज्योतिष में तो विश्व स्तर पर पर्याप्त अन्वेषण हो रहे हैं, पर फलित-ज्योतिष पर नहीं। वैसे यह विश्वास है कि गणित-ज्योतिष की खोजों का प्रभाव फलित-ज्योतिष पर भी सकारात्मक रूप में अवश्य पड़ेगा। इन अनुसन्धानों का अर्थ यह कभी भी नहीं लेना चाहिए कि इससे इस शास्त्र की परिपक्वता पर कोई शक होता है, बल्कि इससे तो यह सिद्ध होता है कि विदेशी आक्रमणों और अपने ज्ञान के प्रति की गई उपेक्षाओं से सच में हमने बहुत कुछ खोया है। बराहमिहिर, आर्यभट्ट, ब्रह्मगुप्त, मुंजाल, भरोत्पल, शतानन्द, भास्कर आदि ज्योतिषाचार्यों की थाती को हम बचा नहीं पाए। तक्षशिला, नालन्दा, मगध, उज्जैन, तंजौर, काशी आदि की विश्वप्रसिद्ध वेधशालाएँ और ज्योतिष

की पाठशालाएँ नष्ट कर दी गईं। रावण संहिता, पुलस्त्य संहिता, जम्बालि संहिता, इन्द्र संहिता, सूर्य संहिता, अरुण संहिता, जैमिनी संहिता, रुद्र संहिता आदि अनेक गणित तथा फलित-ज्योतिष के ग्रन्थों के नाम ही शेष रह गए हैं, और फिर सबसे बड़ी बात है इन शास्त्रों के पढ़ने-पढ़ाने की विधि का नष्टप्राय हो जाना।

इस बात को सभी स्वीकारेंगे कि व्यवसायीकरण की प्रवृत्ति ने इस समय समाज के किसी भी क्षेत्र को नहीं छोड़ा है। ऐसे में किसी भी विद्या को सीखने और कितना सीखना है, इसके पीछे भी सीखने वाला उस विषय को उतना ही सीखता है जिससे कि उसका काम चल सके। उससे आगे परिश्रम करने को वह सार्थक नहीं समझता। इसी धारणा के शिकार आजकल ज्योतिषी भी हैं। यही कारण है कि कुछ टोटकों के आधार पर वे जो बताते हैं वह विधि सम्पूर्ण न होने के कारण इतनी प्रामाणिक नहीं बन पाती, जितनी कि होनी चाहिए। और अब तो कम्प्यूटर के प्रचार-प्रसार के साथ प्रयास हो रहा है कि ज्योतिषियों से भी छुटकारा पा लिया जाए। इस विकास से सिर्फ इस बात को लेकर प्रसन्नता होती है कि तकनीकी विकास ने इस ओर भी ध्यान दिया है। देश-विदेश से जो आँकड़े प्राप्त होते हैं, वे बताते हैं कि भारत में ही नहीं जर्मनी, फ्रांस, इंगलैंड और विशेष रूप से अमरीका में ज्योतिष सॉफ्टवेयर धड़ल्ले से बिक रहा है। तरह-तरह की जन्मपत्री और विविध कुंडलियाँ बनानेवाले सॉफ्टवेयर प्रोग्रामों की बाढ़ आ गई है। बस बटन दबाते ही जन्मकुंडली, कई प्रकार की दशाओं, अष्टकवर्ग शोधन तथा विविध चार्ट सहित मिनटों में छपकर तैयार हो जाती है। फलित भी छपकर बाहर आ जाता है। पर यह तो सभी जानते हैं कि कम्प्यूटर में इंट्यूशन (Intution) अन्तर्ज्ञान नहीं होता, और बिना उसके भविष्यकथन की बात न केवल हास्यास्पद है बल्कि भयंकर परिणामों वाली भी है।

अभी कुछ ही दिन पहले एक सज्जन अपनी विवाहिता बेटी को लेकर मेरे पास आए, जो मानसिक रोग का शिकार थी, और उसका वैवाहिक जीवन नरक बन चुका था। जब मैंने उसकी तथा उसके पति की कम्प्यूटर द्वारा बनी जन्मपत्रिका देखी तो झट से समझ गया कि इस सारी परेशानी का कारण उसके पति की कम्प्यूटर द्वारा बनी जन्म पत्रिका ही है। बात यह थी कि पत्नी ने अपने पति की कम्प्यूटर द्वारा बनी जन्म पत्री में लिखित भविष्यफल पढ़ लिया था, जिसमें लिखा था कि 'स्त्रियाँ दो होंगी।' इससे उसके दिमाग में यह बात बैठ गई कि मेरा पति अवश्य किसी दूसरी स्त्री के साथ सम्बन्ध रखता है। वह यह समझती थी कि किसी ज्योतिषी का लिखा तो असत्य हो सकता है किन्तु कम्प्यूटर का लिखा तो कभी झूठ हो ही नहीं सकता।

इसी कारण तनाव बढ़ता गया, वह मानसिक रोग की अग्नि में झुलसने लगी। उसकी हँसता-खेलता जीवन नरक बनकर रह गया जबकि 'वास्तव में' कुंडली की

ग्रहस्थिति के अनुसार ऐसी कोई बात थी ही नहीं। यह भयंकर परिणाम कम्प्यूटर द्वारा निराधार भविष्यफल कथन के कारण हुआ। ऐसी घटनाएँ निरन्तर हो रही हैं।

असल में, कम्प्यूटर एक मशीन है, जिसमें इतनी तीव्र गति से गणित करने की क्षमता है कि दिनों का काम क्षणों में हो जाता है। यह गणित के लिए तो निःसन्देह लाभकारी है, जबकि भविष्य कथन के लिए यह निरर्थक है।

अब होता क्या है कि कम्प्यूटर में 'लग्न के अनुसार फलादेश' की फ्लॉपी डाल दी जाती है और जो जन्मपत्रिका कम्प्यूटर से निकलती है उसमें जन्म लग्न के अनुसार भविष्य फल छपकर निकल आता है। इस प्रकार कम्प्यूटर से एक ही लग्न की जितनी भी जन्मपत्रिकाएँ निकलेंगी—चाहे किसी का जन्म किसी भी वर्ष में हो, किसी भी मास में हो या किसी भी समय का हो—भविष्यफल सबमें एक जैसा ही होगा। इसी से यह गलत सिद्ध हो जाता है।

ज्योतिष के अनुसार, एक ही लग्न की कुंडलियाँ तो लाखों हो सकती हैं किन्तु फलादेश सबका अलग-अलग होता है। ज्योतिष के अनुसार, 'भविष्य कथन' केवल लग्न से नहीं, अपितु जन्म लग्न, जन्म राशि, नक्षत्र, ग्रह स्थिति, दृष्टि, योग एवं ग्रहों के बलाबल इत्यादि का समन्वय करके करना होता है। ग्रह स्थिति की भिन्नता से कुंडलियाँ अरबों-खरबों हो सकती हैं। अतः कम्प्यूटर द्वारा भविष्यफल कथन असम्भव है। जो हो रहा है वह प्रामाणिक नहीं है।"

आज स्थिति यह है, जिस व्यक्ति के पास कम्प्यूटर है वह ज्योतिषी है—ज्योतिषी है या नहीं, परन्तु ऐसा दम्भ वह रख सकता है—इस दिशा में कल को पारम्परिक ज्योतिष शास्त्र का स्वरूप क्या होगा, कम्प्यूटर ही बता सकता है।

पाँचवाँ अध्याय

ज्योतिष और लाल किताब
आधार रहित विद्या
हस्तरेखा एवं लाल किताब
लाल, नीली, काली किताबें
भ्रम के स्रोत
पाखंड

ज्योतिष और लाल किताब

ज्योतिष की लाल किताब शास्त्र सम्मत गणित आश्रित, सैद्धान्तिक या स्थापित पुस्तक नहीं है। यह किताब ज्योतिष शास्त्र के मान्य नियमों पर आधारित न होकर अनुमानाश्रित है। इस रचना में कल्पना के पंखों पर आरूढ़ होकर, तिकड़म लगाते हुए भविष्य में झाँकने का प्रयास निहित है।

'लाल किताब' जैसा यह ग्रन्थ है, इस रूप में इसे समझा, परखा और अन्वेषित नहीं किया गया। महज संयोग की बात है कि ग्रन्थ के रचयिता ने इसका नामकरण ही 'ज्योतिष की लाल किताब' किया है। मूल रचना उर्दू भाषा में है। कालान्तर में जब इसका प्रकाशन हुआ तो प्रकाशक महोदय ने भी इसकी जिल्द लाल रंग में दे दी। बस यहीं से 'लाल किताब' नाम से इसका प्रचलन आरम्भ हो गया। धीरे-धीरे इस ग्रन्थ का प्रचार-प्रसार इतना बढ़ा कि चारों ओर इसके प्रशंसक पैदा हो गए। ग्रन्थ का मूल ध्येय जाने बिना हर व्यक्ति ज्योतिष की लाल किताब का माहिर बन बैठा। यही नहीं इस नाम से कई ज्योतिषी स्वयं को लाल किताब 'एक्सपर्ट' तक लिखने लगे हैं। उर्दू से यह ग्रन्थ हिन्दी में तथा पुनः अन्य भाषाओं में अनूदित और प्रकाशित हुआ। फिर तो इस पुस्तक के प्रणेताओं में एक आन्दोलन सा प्रकट होने लगा। लाल किताब के प्रकाशकों और विक्रेताओं की चाँदी होने लगी।

लाल किताब की मारोमार बिक्री को देखते हुए बाजार में ज्योतिष की काली किताब, नीली किताब, पीली किताब...और न जाने क्या-क्या सामने आने लगा। ज्योतिष की काली किताब और नीली किताब के दर्शन तो किए हैं, परन्तु पीली या अन्य रंग से जुड़ी ज्योतिष की पुस्तक नज़र से नहीं गुज़री है। हाँ, ज्योतिष की लाल किताब का विधिवत् अध्ययन और विश्लेषण हमने कई बार किया है।

'लाल किताब' परम्परागत पराशर पद्धति या शास्त्रीय ज्योतिष को नहीं मानती। इस ग्रन्थ का अनुकर्त्ता-व्यक्ति (जातक) के जन्म समय या वास्तविक जन्म लग्न के झंझट में नहीं पड़ता। पारम्परिक विधि के अनुसार, जातक की जन्म कुंडली बनाने के लिए निम्न आधार होना आवश्यक है–

(क) जन्म समय

(ख) जन्म तिथि

(ग) जन्म स्थान (रेखांश और अक्षांश)

परम्परागत जन्मपत्री शुद्ध जन्म काल के अभाव में एक कदम भी आगे नहीं बढ़ती। लग्नादि का तो प्रश्न ही उत्पन्न नहीं होता। इधर लाल किताब का अनुसरण करने वाले एक ही पक्का लग्न मानकर चलते हैं। भाव यह कि काल पुरुष की कुंडली में मेष लग्न स्थापित करते हुए जातक के ग्रहों को स्थित करते हैं। लाल किताब में विभिन्न व्यक्तियों का जन्म लग्न अलग-अलग न होकर एक ही पक्का लग्न होता है। मेष लग्न से गणना करते हुए शेष घरों को पक्के घर मान लिया जाता है। जातक के जन्म दिन जो ग्रह पंचांग में है उन्हें पक्के घरों में स्थापित कर दिया जाता है। भाव यह कि 'लाल किताब' के अनुसार लग्न या कुंडली की राशियों का कोई अर्थ नहीं रह जाता। लग्न और बारह राशियों का पत्ता साफ। जो कुछ सामने प्रकट है, वह है बारह पक्के घर।

'ज्योतिष की लाल किताब' वास्तव में है क्या? ज्योतिष की कोई अलग पद्धति या प्रणाली है या फिर कपोल कल्पित अवधारणा इस ग्रन्थ की वस्तुस्थिति जानने के लिए इसके रचयिता के निजी विचारों पर दृष्टिपात करना परमावश्यक है।

हमारे पास लाल किताब का जो संस्करण उपलब्ध है, उसका प्रकाशक स्वयं इसका रचिया, शर्मा गिरधारी लाल साकन, फरवाला, डाकखाना नूरमहल, जिला जालन्धर है। यह पुस्तक सन 1952 में नरेन्द्र प्रैस नई दिल्ली से प्रिंटिड है। इसके मुख्य पृष्ठ पर लिखा गया है–

बीमारी का बगैर दवाई भी इलाज है, मगर मौत का कोई इलाज नहीं। दुनायवी हिसाब किताब है, कोई दावाए खुदाई नहीं। (Astrology based on Palmistry)

इलम सामुद्रिक की बुनियाद पर चलनेवाले ज्योतिष की मदद से हाथ-रेखा के जरिए दुरुस्त की हुई जन्म कुंडली से ज़िन्दगी के हालात देखने के लिए 'लाल

किताब' सन 1952

प्रिंटर व पब्लिशर, शर्मा गिरधारी लाल।

लेखक की निजी अवधारणा से स्वतः स्पष्ट है कि लाल किताब का आधार सामुद्रिक है। दूसरे शब्दों में हाथ की रेखाओं के आधार पर शुद्ध की गई जन्म कुंडली के अनुसार भाग्य का लेखा-जोखा जानने का प्रयास। भाव यह कि लाल किताब ऐसे लोगों के भाग्य को निर्धारित करने का प्रयास है जिनके पास अपनी सही जन्म कुंडली नहीं है, या फिर जिन्हें अपने जन्म-काल आदि पर सन्देह है।

'लाल किताब' हाथ की रेखाओं के तथा जातक के घर के अन्य हालात की छानबीन करते हुए भविष्य कथन का उपकरण जुटाती हैं। अतः इसकी गणना का आधार प्रामाणिक ज्योतिष सार न होकर मात्र अनुमान है। लेखक ने स्वयं प्राचीन और नवीन विषय का अन्तर स्पष्ट करते हुए पृष्ठ आठ पर लिखा है–

यह किताब
जन्म वकत दिन माह उमर साल सब कुछ
इस नाम को भी मिटा देती है।
फ़कत रेखा, फोटो, मकानों से कुंडली
जन्म मह चन्दन बना देती है।
लिखित जब विधाता किसकी हो शक्की
उपाय मामूली बता देती है।
ग्रह फल व राशि के टूकडे रद करती
या रेखा में मेखा लगा देती है।

तथा

राशि छोड़ नछतर (नक्षत्र) भूला
न ही कोई पंचांग लिया
मेख राशि खुद लगन को गिनकर
बारह पक्के घर मान गया।

पृष्ठ नौ

सारांश यह कि–

(क) लाल किताब ज्योतिष का प्रमाणिक ग्रन्थ न होकर अनुमानाश्रित है।

(ख) यह ग्रन्थ उस व्यक्ति (जातक) का भविष्य बाचने का अनुमान है जिसके पास शुद्ध जन्मपत्रिका नहीं है; या फिर जन्म समय का सही ज्ञान नहीं है।

(ग) 'लाल किताब' हस्त रेखाओं, मुखाकृति, मकान का नक्शा, वर्तमान हालात आदि के आधार पर प्राचीन ज्योतिष के ग्रहों को 'लाल किताब'

कुंडली में बैठाने की विधि है।

(घ) 'लाल किताब' का मुख्य आधार पामिस्ट्री है न कि सैद्धान्तिक ज्योतिष।

इसी सन्दर्भ में अपने एक पुराने मित्र से वार्ता का स्मरण अनायास हो आता है। स० संगत सिंह लाल किताब के विख्यात प्रणेता हैं। इस दिशा में उन्होंने बड़ा नाम भी पाया है। देश-विदेश में लगभग दस वर्षों तक लाल किताब का प्रचार-प्रयोग करते रहे हैं। एक दिन तनिक हताश भाव में मेरे पास आए। कुछ थके से थे, कुर्सी पर टिकते ही बोले, "डॉ० साहब, मुझे आपका शिष्य बनना है।"

"भला क्यों?" मैंने आश्चर्य से उसकी ओर देखा।

"लाल किताब से बात बनती नहीं है। भविष्य कथन करते समय वह स्थिरता अनुभव नहीं होती जैसी आप जैसे परम्परागत भविष्य वक्ताओं में है।"

कुछ समय मौन रहकर उसने मेरी ओर देखा। मैंने तनिक सोचते हुए कहा, "संगत सिंह जी, आपने तो इस क्षेत्र में बड़ा नाम पैदा किया है। लोग प्रायः आपकी चर्चा करते रहते हैं।"

तनिक सान्त्वनामय भाव से संगत सिंह ने कहा, "सर, मुझे पंडित गिरधारी लाल जी के श्रीचरणों में बैठकर इस पुस्तक का विधिवत अध्ययन और विश्लेषण करने का अवसर प्राप्त हुआ है। पंडित जी की विशेष कृपा दृष्टि रही है मुझ पर। फिर भी..."

संगत सिंह कहते-कहते कुछ सोच में पड़ गए। पुनः बोले, "यह विधि ठोस गणित पर आधारित नहीं है। इसीलिए बहुधा लोग इसके प्रति सन्देहशील रहते हैं। परन्तु एक बात जरूर प्रभावित करती है–"

संगत सिंह उत्साहित थे, मैंने जिज्ञासुभाव व्यक्त करते हुए कह दिया–

"कौन सी?"

"इसके उपाय..."

मैंने तनिक हँसकर कह दिया, "जैसे नीम हकीम मरीज के लिए दस-बीस दवाइयों की पुड़ी बाँध देता है उसी प्रकार लाल किताब का पुजारी बीस-तीस उपाय ठोक देता है; कुछ न कुछ कहीं तो लगेगा ही–"

मेरी बात सुनकर संगत सिंह गम्भीर हो गया। नेत्र झुकाते हुए बोले, "मैंने स्वयं देखा है लाल किताब के उपाय दूर तक प्रभाव करते हैं।"

"हो सकता है, परन्तु अधिकतर लोग इस दिशा में भी निराश नजर आते हैं।"

मेरी बात सुनकर शायद संगत सिंह के अन्तर्मन में हलचल सी बढ़ने लगी। मस्तक पर बल पड़ने लगे, धीमे स्वर में फिर कहने लगे–

"एक बात मुझे सदा खटकती रहती है, खलती भी है–"

इस पर मैंने मौन बने रहना ही उचित समझा। सन्देह संगत सिंह का अपना था, अतः समाधान भी उन्हें ही करना था। इस बार कुछ धीमे स्वर में बोले, "यह पुस्तक किसी धर्म, आस्था या विधान पर विश्वास नहीं करती।"

"संगत सिंह जी, यही तो मैं कहता हूँ। कई बार लाल किताब वाले अपने यजमानों से कहते हैं–घर में कोई मन्दिर अथवा पूजा स्थल नहीं होना चाहिए। देवी देवताओं की मूर्तियों और धार्मिक ग्रन्थों को बाहर फेंक दो–पूजा पाठ बन्द कर दो..."

मेरी बात काटते हुए संगत सिंह तुरन्त बोल उठे, "बस यही हमारी समझ से परे है। भला कोई व्यक्ति अपनी धार्मिक आस्था से इस प्रकार विमुख कैसे हो सकता है। पता नहीं..."

पुनः उसने सन्देह सिक्त नेत्रों से मेरी ओर देखते हुए कहा, "ऐसी स्थिति में सर, आप क्या कहेंगे।"

"मैं?"

स्वयं को तनिक स्थिर करते हुए मैंने संगतसिंह की शंका का समाधान कर दिया, कहा, "जब कोई मुझसे अपने धार्मिक ग्रन्थ या देव प्रतिमा को घर से बाहर पटकने की बात करता है; इस विषय में मेरी सलाह माँगता है–तो मैं इतना ही कहकर छुट्टी पर लेता हूँ–भले मानस कल यदि लाल किताब वाले यह कहें कि घर में वृद्धों की बैठक नहीं चाहिए–तो क्या आप अपने माता-पिता को घर से निकाल बाहर कर देंगे? सामने बैठा जिज्ञासु तुरन्त कह उठता है–राम, राम कहो डॉ० साहिब, भला ऐसा सोच भी कैसे सकते हैं? यह अनर्थ..."

मैंने दीर्घ श्वास भरकर संगत सिंह की ओर देखा, धीमे स्वर में कहा, "बस यही अनर्थ लाल किताब करती है–"

"सर, हो सकता है लाल किताब किसी यूनानी या इस्लामिक परम्परा की देन हो। वेदान्त में तो ऐसा कोई उपाय मान्य नहीं है। लाल किताब शायद वेद विरोधी है।"

संगत सिंह का कथन किसी गहन सन्देह और अन्वेषण की ओर संकेत कर रहा था। ऐसा कई बार मेरे ध्यान में आया है, कहीं लाल किताब भारतीयेतर संस्कृति की उपज तो नहीं है? यह पुस्तक कहाँ से इस देश में आई, कैसे इसका प्रचार बढ़ा, कहीं यह ग्रन्थ पंडित गिरधारी लाल का अन्तर्ज्ञान (अलहाम) तो नहीं? या उनके निजी अनुभवों का लेखा-जोखा तो नहीं? इन सभी प्रश्नों पर गहन चिन्तन और अनुसन्धान की जरूरत है। जो है उसके अनुसार लाल किताब ज्योतिष की खूनी किताब है।

छठा अध्याय

दैनिक, साप्ताहिक एवं मासिक ज्योतिष
विवरण की सार्थकता
गहनता
वैज्ञानिकता तथा वास्तविकता
कितना ज्योतिष, कितना अनुमान
अटकलबाजी के पृष्ठ

ज्योतिष : दैनिक, साप्ताहिक, मासिक आदि भविष्य विवरण (राशिफल)

सृष्टि के अनन्त प्राणियों और जीवों में व्यक्तित्व की निजता और पहचान अपना विशेष महत्व रखती है। विधाता ने धरती पर करोड़ों-अरबों प्राणियों की सृष्टि की है। आश्चर्य की बात है किसी भी व्यक्ति की साम्यता दूसरे से नहीं है। मुखाकृति, स्वभाव, विचार, संस्कार, वृत्ति यहाँ तक कि उठने-बैठने का ढंग हर एक का अपना निजी होता है। फिर भाग्य भला एक सा कैसे हो सकता है? व्यक्तित्व और भाग्य की पृथकता का एक स्पष्ट प्रमाण सदा हमारे सामने रहता है। प्रत्येक व्यक्ति की उँगलियों के चिह्न एवं आकार किसी भी दूसरे व्यक्ति से अलग होते हैं। सामुद्रिक शास्त्र (पामिस्ट्री) का ज्ञान रखनेवाले पाठक भली प्रकार जानते हैं कि अमुक व्यक्ति के अँगूठे का निशान संसार के किसी भी दूसरे व्यक्ति के निशान से मेल नहीं रखता। शायद इसीलिए सरकारी किसी भी रिकार्ड के लिए इसी निशान को विश्वसनीय और प्रामाणिक स्वीकार किया जाता है।

स्पष्ट है, जिस प्रकार हस्तरेखाओं एवं अँगूठे का चिह्न आदि हर व्यक्ति के अलग अलग हैं, इसी प्रकार हर व्यक्ति का भाग्य, भविष्य, ग्रह-चाल आदि दूसरे से सर्वथा भिन्न और अलग हैं। हर व्यक्ति का भाग्य एवं भविष्य उसके जन्म समय के अनुरूप होता है। जन्म काल में कोई भी परिवर्तन भविष्य गणना का आधार

बदल देता है। भाग्य कथन एवं निर्णय पूरी तरह व्यक्तिपरक है। एक दूसरे से नितान्त स्वतन्त्र हैं।

इस तथ्य के बिलकुल विपरीत है—दैनिक, साप्ताहिक, मासिक एवं वार्षिक भविष्यवाणियाँ। दैनिक समाचार पत्रों, मासिक मैगजीनों, दूरदर्शन या भविष्यवाणी आदि द्वारा प्रकट और प्रसारित भविष्यवाणियों का आधार, ठोस सैद्धान्तिक और प्रामाणिक नहीं होता। पत्र-पत्रिकाएँ अथवा दूरदर्शन के चैनल सस्ती वाह-वाह लूटने के लिए या फिर पाठक एवं दर्शक वृन्द को आकर्षित करने के लिए दैनिक या मासिक राशिफल का विवरण देते रहते हैं। ऐसे सभी विवरण अनुमानाश्रित होते हैं। व्यक्ति विशेष के भाग्य का, भविष्य का इन राशिफलों से किसी प्रकार का भी तालमेल नहीं होता।

ऐसे राशिफल व्यक्ति केन्द्रित न होकर सामूहिक विवरण पर आधारित होते हैं। मोटे तौर पर देश या संसार की जनसंख्या को बारह राशियों (भागों) में बाँटते हुए अत्यन्त सामान्य स्तरीय भविष्य कथन कर दिया जाता है। उदाहरण के लिए भारत की जनसंख्या एक अरब के लगभग है। दैनिक राशिफल एक साथ लगभग आठ करोड़ लोगों के भाग्य पर प्रकाश डालता है या भविष्य की गतिविधि निर्धारित करता है। ज्योतिषीय गणित इतना व्यापक या सामूहिक निर्णय नहीं है। भविष्य कथन के लिए व्यक्ति के जन्म समय, तिथि, स्थान का पूर्ण ज्ञान होना जरूरी है। इसके विपरीत दैनिक या मासिक राशिफल सामान्य परिचर्चा, अनुमान या फिर अटकलों पर आधारित होते हैं। राशिफल का सामूहिक परिज्ञान ऐसे ही है जैसे मौसम विभाग का विशेषज्ञ कह दे—उत्तरी प्रदेशों में आनेवाले चौबीस घंटों में हल्की बर्फबारी होगी। या कोई वैद्यक शास्त्र को जानने वाला बवंडरी सा अनुमान लगा है—इस वर्ष सर्दी में जुकाम का ध्यान रखें। बार-बार छींक आ सकती है। इसी से मिलता-जुलता कार्य क्षेत्र उन ज्योतिषियों का है जो महज पैसा बटोरने के लिए दैनिक पत्रों, पत्रिकाओं और दूरदर्शन के चैनलों से जुड़े रहते हैं। मनोरम एवं सुखद भविष्य का काल्पनिक विवरण देते हुए सामान्य जनता को अफीम के नशे की स्थिति में धकेलते चले जाते हैं। भविष्य बाचने वाले ये भविष्यवक्ता भली प्रकार जानते हैं कि वे बिना गेंद-बल्ले के क्रिकेट के मैदान में छक्के पर छक्का ठोंके चले जा रहे हैं।

इस दिशा में एक बात और हैरानी में डालनेवाली है। राशिफल बताने वाले बहुधा ज्योतिषी ऐसे विवरणों का आधार नहीं बताते। दिया जा रहा राशिफल जन्म लग्न, नाम राशि, चन्द्र राशि या जन्म तिथि पर आधारित है—इसका कहीं कोई स्पष्टीकरण नहीं दिया जाता। परिणामतः राशिफल जाननेवालों में सन्देह और उलझन और बढ़ जाता है। बहुधा लोग हमसे अपनी राशि जानने के लिए सम्पर्क करते हैं। प्रायः यह प्रश्न करते हैं—पत्रों में कौन सी राशि पढ़ी जाए? अथवा हमारी

राशि क्या है?

विभिन्न राशि-फलों का आधार इस प्रकार हो सकता है—

(क) जन्म लग्न राशि : जन्म के समय जो राशि पूर्व में उदय हो रही है, उसे जातक का जन्म लग्न (राशि) माना जाता है।

(ख) जन्म राशि : जन्म कुंडली में चन्द्र ग्रह जिस राशि में स्थित हो उसे जातक की जन्मराशि कहते हैं। बहुधा राशिफल चन्द्र-राशि के अनुसार दिए जाते हैं।

(ग) नाम राशि : इसका निर्णय जन्म नक्षत्र के चरण के आधार पर होता है। जन्म नक्षत्र के चार चरण स्वीकार किए जाते हैं। प्रत्येक चरण का वर्ण (अक्षर) निर्धारित है। उस अक्षर के अनुसार यदि जातक का नामकरण किया गया है तो उस नक्षत्र के स्वामी के अनुसार जातक की नाम राशि जानी जाती है।

(घ) सामान्य नाम राशि : कई बार लोग अपनी धार्मिक आस्था, किसी गुरु अथवा सिद्ध पुरुष से वाक् लेकर अपनी सन्तान का नामकरण करते हैं। ऐसे नामकरणों का कोई ज्योतिषकीय आधार नहीं होता। ऐसे श्रद्धायुक्त नामों का तथा इनकी राशियों का जन्म कुंडली से कोई सम्बन्ध नहीं होता। ऐसी स्थिति में नामराशि के अनुसार राशिफल का विवरण कोरा काल्पनिक होता है या फिर मन मुदित करने का एक क्षण।

देश-विदेश में प्रकाशित होनेवाले बहुधा मासिक पत्रों में राशिफल या भविष्य कथन जन्मतिथि, जन्म सप्ताह या जन्म के महीने के अनुसार किया जाता है। अब एक ही तिथि, सप्ताह या महीने में जन्म वाले संसार में कितने व्यक्ति होंगे—इसका निर्णय कौन करेगा? ऐसी स्थिति में राशिफल एक साथ कितने देशों-प्रदेशों पर लागू होगा, इसका अनुमान सुधि पाठक स्वयं लगा सकते हैं।

समाचार पत्रों, मासिक पत्रिकाओं और टी.वी. चैनलों पर दिए जानेवाले इन्हीं अटकली विवरणों के कारण ज्योतिषशास्त्र सन्देह के कटघरे में खड़ा किया जाता है। बड़े-बड़े पत्रकार, नेतागण, धर्मप्रचारक, मठाधीश इसी कारण ज्योतिष की वैज्ञानिकता के पीछे लट्ठ लिये फिरते हैं। ज्योतिष विद्या पर टीका-टिप्पणी करनेवाले बहुधा महाशय ऐसे हैं जिन्हें इस विद्या का क-ख तक नहीं आता। समाज या पत्रकारिता के क्षेत्र में उच्च स्थान पानेवाले ज्योतिष विद्या की धज्जियाँ उड़ाना अपना जन्मसिद्ध अधिकार मानकर चलते हैं। इस हतोत्साही स्थिति का कारण है दैनिक आदि पत्रों में प्रकाशित होनेवाले राशिफल।

राशिफल के वक्ताओं, प्रणेताओं तथा पाठकों से हम इतना ही कहना चाहते हैं कि ज्योतिष शास्त्र का केन्द्र व्यक्ति विशेष है न कि जन्म समूह। हाँ, 'माण्ड्रेन' ज्योतिष के आधार पर विभिन्न राष्ट्रों के हालात जानने की प्रणाली अलग से जरूर प्रचलित है, परन्तु इसका कथित राशिफल से कोई सरोकार नहीं है।

सातवाँ अध्याय

रत्न और ज्योतिष शास्त्र
ज्योतिष की मार्किटिंग
ज्योतिषी का स्वार्थ एवं धन्धा

रत्न और ज्योतिष शास्त्र

रत्न—हीरा, पन्ना, मोती, माणक, नीलम, पुखराज, मूंगा और गोमेद आदि प्रायः अनुष्ठान या उपाय रूप में धारण किए जाते हैं। अशुभ या अनिष्टकारी ग्रह की महादशा या अन्तर्दशा के दौरान अनिष्टकारी ग्रह के कुप्रभाव को कम या क्षीण करने के लिए ग्रह अनुसार रत्न या 'स्टोन' धारण करवाया जाता है। रत्न धारण करना कितना सार्थक, लाभप्रद और वैज्ञानिक है इस पर विधिवत् विश्लेषण जरूरी है।

प्रायः देखने में आता है कि धनाढ्य लोग केवल अलंकार रूप में या शृंगार आदि के लिए रत्नों को सजावटी आभूषणों में धारण करते हैं। बहुधा युवक युवतियाँ मात्र शौक क लिए 'स्टोन' धारण की ललक रखते हैं। रत्न धारण करने से तुरन्त कार्य सिद्धि हो जाती है, ऐसी धारणा समाज के हर वर्ग में विद्यमान है। परन्तु वास्तविक स्थिति कुछ भिन्न है। रत्नों को आभूषण बनाकर बेचनेवालों का एक निश्चित व्यापार है। जन्म कुंडली को आधार मानकर जब रत्न धारण करने की सलाह दी जाती है तो सामान्य 'स्टोन' की कीमत हजारों गुणा बढ़ जाती है, अथवा यूँ कहो कि दस-बीस रुपये का नग बीस तीस हजार में जड़ दिया जाता है।

रत्न धारण करने की आकांक्षा रखनेवाला रत्नों की सही पहचान से प्रायः अनभिज्ञ होता है। ज्योतिषाचार्य जैसा सुझाव देता है और रत्न-व्यापारी जैसा दिखा देता है उसी के अनुसार ग्राहक मोल चुका देता है। बस इसी से इस व्यापार में घोटाला शुरू हो जाता है। रत्न शास्त्र के नाम पर जो लूट-खसोट, जो भ्रष्टाचार

और जो काला धन्धा चल रहा है उससे तो सरल चित्त लोगों की रक्षा ईश्वर ही कर सकते हैं।

रत्न-व्यापार में अपार धन लाभ के कारण बहुधा ज्योतिषी स्वयं ही रत्न या 'स्टोन' बेचने का धन्धा शुरू कर देते हैं ऐसे ज्योतिषी ग्रह-मंडल की अपेक्षा अपने ग्राहक की जेब पर अधिक नजर रखते हैं। हर रोज नई मछली फाँसने के लिए वे ज्योतिष शास्त्रीय काँटे का प्रयोग दिल खोलकर करते हैं। ऐसे में यजमान के ग्रह ठीक हो न हों, ज्योतिषी महाशय के नक्षत्र तो चमक ही उठते हैं।

पैतृक गुरु गद्दी पर आसीन कोई दैवज्ञ पंडित या ज्योतिर्विद शास्त्रीय विधि के अनुसार कुंडली दर्पण से रत्न धारण करने का संकेत देता है तो बात कुछ-कुछ समझ आती है। परन्तु जब कोई बिजली के बिल काटनेवाला, साईकिलों के पंचर लगाने वाला, पनवाड़ी, हौजरी के दस्ताने बुननेवाला तथा मार्बल की सलेटों का धन्धा करनेवाला रत्न-धारण का सुझाव देता है, या फिर ज्योतिष के आधार का दावा करते हुए संकट में फँसे लोगों की खाल उतारने का धन्धा करता है तो हमें हैरानी नहीं, घृणा होती है। सबसे बढ़कर आश्चर्य तो उस समय होता है जब कुछ इसी प्रकार के लोग टी०वी० चैनलों पर रत्न शास्त्र पर लम्बे-लम्बे भाषण झाड़ते हैं और पुनः अपने नाम या कार्यालय का साईन बोर्ड लटका देते हैं। ज्योतिष विद्या से उनका कोई लेन-देन नहीं होता।

इसी विषय में एक अविस्मरणीय घटना है जिसे बताना चाहूँगा। मेरे एक निकटवर्ती मित्र हैं—कमलदत्त शास्त्री। किसी समय बिजली बोर्ड में काम करते थे, घर-घर बिल काटते थे। साइकिल पर सवारी करते थे, सामान्य जीवन यापन करते थे। आजकल रत्नों का व्यापार करते हैं, ज्योतिष का थोड़ा-बहुत स्वाद भी चख लेते हैं। फलतः तीन-तीन कीमती गाड़ियों के स्वामी हैं, महलनुमा कोठी में निवास है तथा रोज टी०वी० चैनल पर महापुरुष की भाँति सम्भाषण देते हैं। कुछ साल पहले नगर में 'ज्योतिष का महाकुम्भ' नाम से ज्योतिष सम्मेलन का आयोजन किया गया था। आयोजकों के पास पर्याप्त साधनों की कमी थी, अतः सहयोगियों से अनुदान की प्रार्थना की गई। कमलदत्त शास्त्री ने तीस हजार रुपये का अनुदान इस शर्त पर दिया कि राष्ट्रीय सम्मेलन के मंच पर उसे 'ज्योतिष-सम्राट' की पदवी से अलंकृत किया जाए। आर्थिक संकट में फँसे महाकुम्भ के पास कोई अन्य चारा या दिशा नहीं थी। परिणामतः बिजली बोर्ड के सेवानिवृत्त अधिकारी को 'ज्योतिष सम्राट्' की पदवी से विभूषित कर दिया गया। इसी पदवी के साथ शास्त्री जी नित्य टी०वी० चैनल पर अपना दमगजा चलाते हैं और निपट निरीह जनता से ठगी करते हैं।

धनवान् और प्रतिष्ठित होने से बहुत पूर्व कमलदत्त हमारे पास प्रायः आया

जाया करता था। ज्योतिष सूँघने की लालसा रहती थी। एक दिन साहस करके उसने कह ही दिया–

"हम भी ज्योतिष विद्या का ज्ञान पाना चाहते हैं।"

मैंने उत्सुकता से उसकी ओर देखते हुए पूछा, "आप ज्योतिष क्यों सीखना चाहते हैं? आपका शौक है या फिर धनोपार्जन करना चाहते हैं।"

कमलदत्त ने दीर्घ श्वास भरकर तुरन्त उत्तर दिया, "सर, शौक को मारिए गोली–हम तो चार पैसे कमाना चाहते हैं।"

मेरी नजर झुक गई। नीचे फर्श की ओर देखते हुए कह दिया, "तो फिर ज्योतिष सीखने की क्या जरूरत है? रत्नों का व्यापार कीजिए, स्टोन बेचिए–ज्योतिष के थोड़े-बहुत ज्ञान के साथ यह काम चल जाएगा।"

बस शास्त्री कमलदत्त ने यही बात पल्ले बाँध ली। ज्योतिष की आड़ में रत्नों का धन्धा शुरू कर दिया। नौकरी छोड़ दी और ज्योतिष-सम्राट् की पदवी ओढ़ ली। कालान्तर मुझे अनुभव हुआ, शास्त्री कमलदत्त को वैसा सुझाव देकर मैंने बहुत बड़ी भूल की थी। ज्योतिष क्षेत्र में फैले भ्रष्टाचार को एक प्रकार से बढ़ावा ही दिया गया। इस बात का खेद मुझे आज तक है और सदा रहेगा।

रत्नो के अभिमोहन से जुड़ा एक अन्य सन्दर्भ है। लिखना चाहूंगा। एक बहुत सम्पन्न परिवार की महिला मेरे सम्पर्क में थी। प्रायः भविष्य के बारे में जानकारी प्राप्त करती रहती थी। एक दिन मेरे पास आकर बोली, "डॉ० साहिब, मैंने कुछ स्टोन (रत्न) खरीदने हैं। कृपया बता दीजिए कौन सा नग 'सूट' करेगा। आपका निर्देश चाहिए।"

मैंने उस महिला की कुंडली पर दृष्टिपात किया, हस्त रेखाओं पर भी ध्यान दिया तथा दैनिक ग्रह-चाल का भी विश्लेषण किया। सब प्रकार से ग्रह-दशा आदि ठीक चल रहे थे। अतः मैंने महिला से कहा, "ग्रह दशा तो बिलकुल ठीक है, मेरे विचार में तो अभी कोई रत्न धारण करने की जरूरत नहीं है।"

महिला ने अधिक प्रबल एवं सन्तुलित भाव में कहा, "परन्तु मुझे तो रत्न जड़ित माला या हार खरीदना ही है।"

"भला क्यों?" मैंने सन्देह व्यक्त किया।

उस महिला ने तनिक धीमे स्वर में कहा, "डॉक्टर जी, आप नहीं समझेंगे। घर में इधर-उधर का बहुत सा पैसा पड़ा रहता है। चोरी-चकारी से भला कौन संभाल करे। अब हीरे की अंगूठी या हार–दस बीस लाख का एक छोटी डिबिया में संभाला जा सकता है।

महिला का उत्तर सुनकर मुझे कुछ अधिक जानने-सुनने की जरूरत नहीं पड़ी। रत्नों से जुड़ा ज्योतिष एक प्रकार से बी० धनराशि का ही धंधा है।

हमारी इन धारणाओं से यह आशय कदापि नहीं लिया जाना चाहिए कि रत्न और बहुमूल्य 'स्टोन' सदा निदंनीय है। रत्नों का संचय व्यक्ति की सत्ता, समृद्धि, यश, कीर्ति एवं प्रतिष्ठा का सूचक है। प्राचीन युग के राजा-महाराजा अपने कोश में अपार धन संचय करते थे। इस कोश का मुख्य घटक रत्न हीरे-जवाहरात आदि ही थे। रत्नों के संचय के बारे में कोई आपत्ति नहीं है। केवल इस बात का ध्यान रहे कि इनका धारण करना अहितकारी न रहे। एक प्रसिद्ध किंवदंती है, कहा जाता है विश्व विख्यात कोहिनूर हीरा जिस साम्राज्य में भी रहा, उसका पतन, ह्रास एवं अनिष्ट हुआ। ब्रिटिश साम्राज्य का उदाहरण हमारे सम्मुख है। जब से 'कोहिनूर' उस धरती पर गया, ब्रिटिश साम्राज्य का पतन शुरू हो गया। कभी जिस राज-सत्ता में सूर्यास्त नहीं होता था, आज उसकी सीमाएं सिमटकर रह गई हैं। अतः रत्न खरीदते समय और विशेषकर धारण करते समय अत्यंत सतर्क रहने की आवश्यकता है।

प्राचीन वैद्यक शास्त्र में रत्नों का सार (कुशता आदि) विभिन्न प्रकार के रोगों के शमन के लिए प्रयुक्त किया जाता रहा है। मोती और सीप का कुशता तो प्रायः विभिन्न औषधियों में अब भी प्रयुक्त होता है। इसी प्रकार अन्य रत्नों का प्रयोग भी किया जाता है। वस्तुतः रत्नों का संबंध शरीर के रोग आदि से है। विभिन्न रत्न एक प्रकार से दवाई जैसा ही प्रभाव करते हैं। सूर्य से ऊर्जा ग्रहण करते हुए ये रत्न, धीरे-धीरे अपना गहन प्रभाव मानव रक्त में संचारित करते रहते हैं। यदि कहीं रत्न बिना पूर्ण शोध के धारण कर लिया गया है तो उसका कुप्रभाव कालान्तर में अत्यन्त हानिकारक या घातक भी हो सकता है। नीलम के बारे में तो प्रायः सुना जाता है कि यह नग यदि ठीक न बैठे तो सप्ताह भर में धारक को बड़ी हानि पहुंचा देता है। हमारे अपने अनुभव में आया है कि रत्नों का प्रयोग रोग निवारण में सहायक सिद्ध होता है; भाग्यवृद्धि इनके द्वारा होती है, नहीं कहा जा सकता। अलंकारवर्धन का श्रेय तो रत्नों को है ही।

कौन-सा रत्न कब, कहाँ और कितने तोल का धारण किया जाए, यह प्रश्न भी अत्यन्त विवाद और सन्देह का है। ज्योतिष शासत्र में मुख्य नौ ग्रह स्वीकार किए जाते हैं। मानवीय एक हाथ की केवल चार उंगलियां हैं। अंगूठे से आरंभ करके पहली उंगली गुरु की, दूसरी मध्य वाली शनि की, तीसरी सूर्य की तथा चौथी सबसे छोटी बुध ग्रह की स्वीकार की जाती है।

इस दृष्टि से गुरु (पुखराज), शनि (नीलम), सूर्य (माणक) तथा बुध (पन्ना)—इनका धारण स्थान तो निश्चित है जैसा कि प्रायः मान्यता है। परंतु शेष ग्रहों के रत्न जैसे कि चन्द्र (मोती), शुक्र (हीरा), मंगल (मूंगा), राहु (गोमेद), केतु (लहसुनिया) इनके धारण स्थान के बारे में समूचा ज्योतिष शास्त्र, सामुद्रिक शास्त्र तथा रत्न शास्त्र मौन हैं। कहीं भी इनके धारण करने की उंगली का संकेत नहीं

दिया गया। दूरदर्शन के चैनलों पर रत्न धारण करने तथा करवाने का दम भरने वाले बड़े-बड़े प्रवक्ता भी इस ओर से कन्नी कतराते दिखाई देते हैं। भाव यह कि नौ रत्नों को चार अंगुलियों में कैसे धारण किया जाए, यह अत्यन्त विवादास्पद विषय है। इस पर विधिवत शोध एवं अन्वेषण की जरूरत है।

कुछ रत्न विक्रेता ज्योतिषी अपनी विद्वत्ता झाड़ने के लिए हीरे (शुक्र) को अंगूठे में धारण करवा देते हैं। ठीक या गलत इसका निर्णय तो नहीं हो पाता—हाँ ज्योतिषी महाशय और हीराधारक यजमान हँसी और ठट्ठे का कारण तो बन ही जाते हैं। चलो कुछ ढील देकर हीरे (शुक्र) के लिए अंगूठे को धारण-स्थल मान लेते हैं, परंतु इससे मोती, मूंगा, गोमेद तथा लहसुनिए का तो कोई ठौर-ठिकाना नहीं मिलता।

हमारी दृष्टि में समूचे रत्न शास्त्र पर वैज्ञानिक ढंग से पुनर्विचार एवं गहन अन्वेषण की परमावश्यकता है। एक तथ्य हमारी समझ में जरूर आता है। सौर मंडल का आत्म-कारक सूर्य ग्रह है। शेष सभी ग्रह-उपग्रह इसी ग्रह के आकर्षण में बंधे रहते हैं। शेष सौर मंडल सूर्य की ही परिक्रमा करते हैं। यदि सूर्य ही हर प्रकार की ऊर्जा, शक्ति और संचरण का कारण है तो सभी रत्न (स्टोन) सूर्य की उंगली में क्यों न धारण किए जाएं? हाँ, व्यापक विश्लेषण की दृष्टि से इतना सुगमता से किया जा सकता है कि सूर्य के मित्र ग्रहों—मंगल, गुरु, चंद्र आदि के लिए सूर्य की उंगली तथा शत्रु पक्ष के ग्रहों—शुक्र, शनि, बुध, राहु-केतु के लिए मध्यमा या चौथी उंगली निर्धारित कर दी जाए। गुरु के लिए पहली उंगली की विधि हो सकती है।

कथित सुझाव समस्या के समाधान का एक पहलू है। विधिवत् ढंग से कौन सा रत्न कहाँ पहनना है, यह प्रश्न अत्यन्त ज्वलन्त हैं। रत्न धारण करने से पूर्व निम्न संकेतों का ध्यान में रखना जरूरी है; कल्याणप्रद भी है :

(क) रत्न धारण करने से पूर्व इसका विधिवत शुद्धिकरण करना चाहिए।

(ख) रत्न (स्टोन) असली है या नकली इसका निर्णय जरूर कर लें।

(ग) जहाँ तक सम्भव हो रत्न आदि ऐसे जौहरी या स्वर्णकार से खरीदें जो काफी लंबे समय से सम्पर्क में हो—परिचित हो।

(घ) जिस रत्न विक्रेता के साथ कोई ज्योतिषशास्त्री भी जुड़ा बैठा हो, वहाँ से सोच-समझकर रत्न खरीदें।

(ङ) जो ज्योतिषी महाशय स्वयं ही रत्नों का धंधा करता है, उससे तो क्रय-विक्रय बिलकुल ही न करें।

(च) ग्रहों का अनिष्ट फल दूर करने के लिए यदि रत्न धारण करना ही पड़े तो कुंडली दर्पण के साथ-साथ हस्त रेखा विशेषज्ञ से भी विधिवत् सलाह करें। बिना परख के रत्न धारण करना विषधर जैसा है।

आठवाँ अध्याय

वास्तु शास्त्र और भविष्य
ज्योतिष शास्त्र में अनाधिकार प्रवेश
भ्रम की खाई
पैसा बटोरने की कला
वास्तविकता

वास्तु शास्त्र और भविष्य

वास्तु शास्त्र एक भिन्न शास्त्र है जैसा कि इस नाम से ही स्पष्ट है। इसका ज्योतिष शास्त्र या जातक के भविष्य से कोई सम्बन्ध नहीं है। वास्तु शास्त्र मूलतः भवन निर्माण का विषय है। घर, दुकान, उद्यान तथा फैक्टरी आदि किस ढंग से बनाए जाएँ, बस इसी की रूपरेखा, मानचित्र या नक्शा आदि तक ही यह विज्ञान सीमित है। वास्तुशास्त्र का ज्ञान रखने वाले कोरे इंजीनियर हैं या फिर भवनों का नक्शा बनानेवाले 'ओवरसियर' आदि। ग्रह-चाल, भविष्य विश्लेषण या फिर शुभ-अशुभ के निर्णय से इन ज्ञाताओं का दूर का भी सम्बन्ध नहीं है।

ज्योतिषशास्त्र की लोकप्रियता देखते हुए इस व्यवसाय में अपार धनवृद्धि के कारण वास्तुकला के ज्ञाता भी ज्योतिष मंच पर आसन जमाने लगे हैं। घर कैसा हो, प्रांगण कहां हो, रसोई या स्नानगृह कहाँ निर्मित किए जाएं—बस इसका ब्यौरा यह शास्त्र देता है। व्यापक रूप में देश विदेश में जो कुछ नया बन रहा है—रेल, पुल, टावर, गगनचुम्बी इमारतें—सभी इस शास्त्र का अंग है। प्रत्येक सिविल इंजीनियर स्वयं को भविष्यवक्ता मानने लगे, तो ज्योतिष शास्त्र तो अत्यन्त पंगु रह जाएगा।

हमारे पास वास्तुशास्त्र से सम्पर्क करनेवाले कई व्यक्ति वास्तविक स्थिति स्पष्ट करने आते हैं। वास्तुशास्त्री के कथन पर अपने निवास तथा फैक्टरी की

तोड़-फोड़ करने के उपरान्त भी भाग्य या ग्रहों के दशा-फल में कोई अन्तर या अभिवृद्धि नहीं हुई, उलटे बीस-तीस लाख का चूना लग गया। सौदेबाजी में वास्तुशास्त्री महाशय की जेब गर्म जरूर होती रही।

जातक के भविष्य का सम्बन्ध ग्रहों की महादशा तथा अन्तर्दशा के अनुसार निर्णीत किया जाता है। भाग्य में वृद्धि या पतन का सीधा सम्बन्ध निवास स्थान से नहीं है। कई बार देखने में आया कि पंद्रह-बीस वर्षों तक एक घर में रहनेवाले व्यक्ति उत्तरोत्तर उन्नति करते चले जाते हैं। फिर सहसा बुरे दिन शुरू हो जाते हैं। कहीं निवास-स्थल में तो कोई गड़बड़ नहीं है? वास्तुशास्त्री के निर्देश पर व्यापक तोड़-फोड़ कर दी जाती है। भाग्य में कोई वृद्धि नहीं होती; बुरे दिन वहीं के वहीं पसरे रहते हैं। ऐसी स्थिति में भवन और फैक्टरी की तोड़-फोड़ करने वाले जातक को यह समझना चाहिए कि जो स्थान उसे पिछले पन्द्रह-बीस वर्षों से हितकारी रहा है, पुनः अनिष्टकारी कैसे हो गया। अशुभ समय का कारण उसका निवास स्थल नहीं है, जन्मकुंडली की दशा है। अनिष्ट या अशुभ समय में रसोई या स्नान गृह, या फिर दुकान और फैक्टरी आदि की छत तुड़वाने की जरूरत नहीं है। किसी पारंगत ज्योतिषी से कुंडली-निर्णय करवाया जाना चाहिए। ग्रह दशानुसार अनुष्ठान या दान आदि करवाया जाना चाहिए।

इस सन्दर्भ में पंचांग दिवाकर सन् 2.5.2006 पृष्ठ 25 की ओर ध्यान आकृष्ट करना चाहूँगा। विश्व विख्यात ज्योतिषाचार्यों ने वास्तुशास्त्र को प्राकृतिक नियमों का प्रदर्शक स्वीकार किया है। गणितकर्त्ता मान्य प० पन्ना लाल जी ज्योतिषी के अनुसार—

वास्तुशास्त्र प्राकृतिक तत्वों पर आधारित उच्चकोटि का विज्ञान है, जो मानव का पंच महाभौतिक तत्वों में सन्तुलन बनाए रखने की प्रेरणा देता है। वास्तुशास्त्र परोक्ष रूप में प्रकृति के नियमों का अनुसरण करना है। गुरुत्वाकर्षण एवं चुम्बकीय शक्ति, विद्युत तरंगों का प्रवाह, जल एवं वायु की प्रवाह, पर्यावरण का प्रभाव, सूर्य राशियों का प्रवाह, दिशाओं का महत्व आदि पर भी यह शास्त्र स्पष्टतः संकेत करता है। चढ़ते हुए सूर्य की किरणे हमारे स्वास्थ्य के लिए अत्यन्त उपयोगी हैं, इसके पीछे पूर्व एवं ईशान को खुला रखने का नियम काम करता है, जिससे सौर ऊर्जा अधिकतम रूप से गृह और उसके स्वामी को मिल सके। वास्तुशास्त्र में भूमि, जल, अग्नि आदि पांच महाभूतों को उसके नियमों द्वारा प्रदर्शित किया जाता है।

स्पष्ट है उक्त कथनानुसार भी वास्तुशास्त्र का ज्योतिषशास्त्र के साथ कोई सीधा सम्बन्ध नहीं है।

नवाँ अध्याय

ज्योतिष के आतंकी शब्द-योग
मंगलीक
काल सर्प
केम द्रुम
साढ़े-साती (शनि)
गंडमूल नक्षत्र
स्पष्टीकरण
वैज्ञानिक आधार
वक्र ग्रह
क्या, कब, कैसे
वास्तविक स्थिति

ज्योतिष शास्त्र के कुछ आतंकी सन्दर्भ

मंगलीक, काल सर्प, केम द्रुम, साढ़े साती (शनि), गंडमूल नक्षत्र—ज्योतिष शास्त्र के कुछ ऐसे योग (आतंकी शब्द और सन्दर्भ) हैं जिन्हें सुनते हैं जातक के हाथ पैर फूलने लगते हैं, रक्तचाप बढ़ जाती है, शरीर पसीने से तरबतर होने लगता है। आँखों के आगे अँधेरा छाने लगता है और जातक लड़खड़ाते हुए ज्योतिषी महाशय के चरणों में गिर पड़ता है।

ऐसा ज्योतिषी जिसने कोरे व्यवसाय के लिए ही इस विद्या में प्रवेश किया हो, उसकी तो पौं बारह—बाँछे खिल उठती हैं। जातक की कुंडली में कथित योगों में एक भी नजर आ गया, बस सर्जरी की तैयारी शुरू हो गई। दस-बीस नहीं चालीस-पंचास तक का खाता खुल गया और जातक को बिना बताए उसे आई०सी०यू० में भेज दिया जाता है।

कुंडली में कथित योग होने पर किसी भी प्रकार की चिन्ता की जरूरत नहीं है। आतंकी भाव तो बिलकुल ही नहीं रखना चाहिए। धन के लोभी व्यावसायिक भविष्यवक्ता सरलचित्त लोगों को महज चिन्तायुक्त करने के लिए इन योगों का एकपक्षीय फलित सुनाते जाते हैं। भयभीत जातक त्रासद भाव से अपार धन लुटाने को तत्पर हो जाता है। ज्योतिष-व्यवसाय में फैले भ्रष्टाचार का यह एक ज्वलन्त उदाहरण है।

कथित दोषों में से यदि कोई एक या दो जातक की जन्मकुंडली में प्रकट होते हैं तो ऐसी स्थिति में जातक को सन्तुलित मन और धीरज से काम लेना चाहिए। कई बार कुछ विशेष स्थितियों में दोषयुक्त योग भंग हो जाता है; प्रभावहीन हो जाता है या फिर क्षीण अवस्था में होकर सहज हो जाता है। अशुभ योग होने पर किसी श्रद्धेय ज्योतिषाचार्य या सुविज्ञ पंडित से परामर्श लेना चाहिए। आतंकी या घातक योग कई अवस्थाओं में निष्प्रभ हो जाता है, सरसरी दृष्टि से इसका पूर्ण ज्ञान नहीं हो पाता। दोष-भंग का निर्णय करनेवाली एक अलग प्रणाली है। इसे ध्यान में रखना जरूरी है।

जिस प्रकार जन्म कुंडली के किसी नीचगत ग्रह की स्थिति में नीच भंग पर विचार किया जाता है वैसे ही मंगलीक, केमद्रुम आदि योगों की शक्ति और प्रभाव पर भी दृष्टिपात करना चाहिए। कथित दोषों के बारे में कुछ विचारणीय तथ्य स्पष्ट किए जाते हैं, जो इस प्रकार हैं—

मंगलीक

जन्म कुंडली के बारहवें, लग्न, दूसरे, चौथे, सातवें, आठवें—इन घरों में से मंगल किसी घर में स्थित हो, मंगलीक दोष कथित होता है। यह एक व्यापक एवं सामान्य नियम है। इस दृष्टि से विचार करने पर प्रत्येक बारह व्यक्तियों में पांच जातक मंगलीक दोष से ग्रस्त होंगे। परिणामतः ऐसे नर-नारियों का दाम्पत्य जीवन दुःखद होगा। परन्तु व्यावहारिक जीवन में ऐसा दृष्टिगोचर नहीं होता। कारण स्पष्ट है—बहुधा कुंडलियों में मंगलीक दोष भंग हो जाता है, या मंगल ग्रह प्रभावहीन होता है। ऐसी अवस्था में मंगलीक योग कष्टप्रद या हानिकारक नहीं रहता। मंगल पर शनि की दृष्टि, मंगल शनि युति; चन्द्र-मंगल योग, गुरु मंगल योग, मंगल-शुक्र योग—कुछ ऐसी स्थितियाँ हैं जो मंगलीक दोष को काटती हैं या क्षीण करती हैं। मंगलीक दोष का निर्णय करने से पूर्व इन योगों को दृष्टि में रखना अत्यावश्यक है।

काल-सर्प योग

इस योग का मात्र नाम ही डर या आतंक उत्पन्न करने वाला है। वास्तव में इस

योग से भयभीत होने का कोई विशेष या शास्त्रीय कारण नहीं है। मात्र ग्राहकों की खाल उधेड़ने के लिए नौसरवाज ज्योतिषी 'सर्प' 'सर्प' कहकर सरलचित्त जनता को दंशित करते हैं। काल-सर्प राहु-केतु (छाया) ग्रह उत्पन्न करते हैं। कुंडली के शेष सात ग्रह जब राहु-केतु की छाया में घिर जाते हैं—या राहु-केतु के अर्द्धाकार में आ जाते हैं तब काल-सर्प योग कथित किया जाता है। इस योग में उत्पन्न जातक प्रत्येक कार्य में देरी दर्शाता है। इस योग का पूर्ण प्रभाव जानने से पूर्व शेष ग्रहों की स्थिति, तथा कुंडली के किन घरों से काल-सर्प संबद्ध है—इसका परिज्ञान जरूरी है। काल-सर्प योग के धारक बहुधा जातक विश्वविख्यात व्यक्ति रहे हैं। स्व० पंडित जवाहर लाल नेहरू की जन्म कुंडली में काल सर्प योग विद्यमान है। ऐसे कई अन्य उदाहरण हमारे पास मौजूद हैं। आकाश मंडल में राहु-केतु की छाया सर्प गति से सरकती है—बस, यहीं से इस योग की फुंकार व्यावसायिक वृति के ज्योतिषियों द्वारा सरलचित्त व्यक्तियों तक पहुँचने लगती है।

केम-द्रुम योग

जन्म कुंडली में चन्द्र ग्रह के आगे-पीछे के घर शून्य होने से यह योग बनता है। यानी चन्द्र कुंडली के बारहवें और दूसरे घरों में जब कोई भी ग्रह अवस्थित न रहे—केम-द्रुम योग चर्चित होता है। इन योग में जन्मा जातक प्रायः 30-35 वर्ष की आयु तक संघर्षशील जीवन यापन करता है। भावात्मक दृष्टि से अस्थिर रहता है तथा मानसिक सन्तुलन प्रायः नहीं रहता। दाम्पत्य जीवन में देरी होती है, प्रेम रोग या प्रेम विवाह की ओर झुकाव रहता है। केम द्रुम योग भंग होने की स्थितियों में यही योग शुभ फलदायक होता है। इस योग का सही बल जानने के लिए कुंडली के शेष ग्रहों की स्थिति—पंच महापुरुष योग, गज केसरी योग तथा चन्द्र-मंगल योग या युति का ध्यान रखना चाहिए। केम-द्रुम योग कितना बलशाली है अथवा कितना क्षीण इस पर विधिवत विचार जरूरी है।

शनि की साढ़े साती

प्रायः सुनने में आता है कि शनि की ढैय्या और साढ़े साती सामान्य लोगों को जरूरत से अधिक भयभीत और आतंकित करते हैं। इस पर भी गम्भीरता से विचार करना चाहिए। शनि की साढ़े-साती प्रत्येक चाल में अशुभ नहीं होती। मकर-कुम्भ लग्न वालों का स्वामी स्वयं शनि है; अतः इन जातकों के लिए साढ़े-साती विशेष अवरोधक नहीं होगी। वृष और तुला लग्नों में शनि योग-कारक माना जाता है, अतः इन लग्नों वाले व्यक्तियों के जीवन काल में भी साढ़े-साती अधिक कष्टदायक नहीं रहेगी। शनि केन्द्र में स्व-गृही अथवा उच्च राशि का होकर विराजमान हो तो

पंच महापुरुष योग उत्पन्न करता है। इस योग में जन्मा जातक सुविख्यात, उदात्त गुण सम्पन्न, धनी, मान्य एवं कुलदीपक होता है, ऐसे में शनि का ढैय्या और साढ़े-साती कितना अशुभ फल देती है, यह विषय ज्योतिषाचार्यों के लिए विश्लेषण और अनुसंधान का है।

गंड मूल नक्षत्र

ज्योतिष शास्त्र के अनुसार कुल 27 नक्षत्र हैं (अभिजित सहित 28) इनमें छह नक्षत्र—अश्विनी, आश्लेषा, मघा, ज्येष्ठा, मूला तथा रेवती गंडमूल की संज्ञा रखते हैं। ये कथित नक्षत्र अन्य नक्षत्रों की अपेक्षा अधिक बलशाली, प्रभावशाली, ऊर्जादायक एवं संवेदनशील होते हैं। इनके विशेष बल के कारण ही इन्हें अनिष्टकारी, दूषित एवं पूज्य स्वीकार किया जाता है। इन नक्षत्रों में जन्म लेनेवाले जातक (व्यक्ति) अपने लिए, माता-पिता, दादा-दादी, नाना-नानी, मातुल, भाई-बहन तथा अन्य बन्धु-बान्धवों के लिए भारी एवं कष्टदायक होते हैं—ऐसा सर्वमान्य मत है। अतः इन नक्षत्रों में जन्मे बच्चों के पिता को 27 दिनों तक नवजात के सम्मुख नहीं आने दिया जाता। गंडमूल आदि नक्षत्रों में जन्मे बच्चे को पिता के लिए अहितकर या हानिकारक स्वीकार किया जाता है। इसी कारण जन्म के 27वें दिन यानी पुनः उसी जन्म नक्षत्र के उदय होने पर गंडमूल की विधिवत पूजा अथवा अनुष्ठान करना परमावश्यक स्वीकार किया जाता है। यह जाप या अनुष्ठान करवाने के लिए अनुष्ठानकर्ता जातक के सगे-सम्बन्धियों में भय या आतंक सी स्थिति में ले जाता है।

गंडमूल नक्षत्रों में जातक का जन्म होने से पूजा का विधान है। परन्तु इस स्थिति में भयभीत होने की आवश्यकता नहीं है। प्रायः देखने में आया है कि गंडमूल नक्षत्रों में उत्पन्न व्यक्ति उच्च एवं विख्यात पदवियों को ग्रहण करते हैं। गंडमूल नक्षत्रों पर वैज्ञानिक दृष्टि से विचार करना जरूरी है। सामान्य जीवन में जब कभी बिजली का वोल्टेज बढ़ जाता है तो घर के छोटे-बड़े उपकरण—टी०वी०, फ्रिज, ट्यूबलाईट्स, बल्ब आदि नष्ट हो जाते हैं या फ्यूज हो जाते हैं। बिजली के प्रवाह को नियन्त्रित करने के लिए स्टेबलईजर लगाया जाता है ताकि विद्युत-प्रवाह सन्तुलित एवं यथा-उपकरण रहे। बस ऐसा ही सन्तुलन या नियन्त्रण गंडमूल में उत्पन्न जातकों के लिए आवश्यक हो जाता है। गंडमूल पूजा या अनुष्ठान प्रबल नक्षत्रों को सहज ऊर्जा और गति प्रदान करते हुए उनकी अतिशय अनिष्टकारी ऊर्जा या दोष का निराकरण कर देता है।

वक्री ग्रह—कुछ सन्देह

उल्टी चाल या विपरीत दिशा की ओर गतिमान ग्रहों को वक्री ग्रह कहते हैं। वक्र

का अर्थ टेढ़ा, तिरछा या पीछे की ओर हटने वाला भी माना जाता है। किसी नक्षत्र की विछली ओर की गति अंग्रेजी शब्दकोश के अनुसांर Retrogradation कहलाती है।

वक्र गति पानेवाले ग्रह ज्योतिष शास्त्र (फलित) में विशेष तथा महत्वपूर्ण स्वीकार किए जाते हैं। वक्र होने पर कोई ग्रह सामान्य से अधिक बलशाली हो जाता है। कई बार तो ऐसे ग्रह को महाबली भी कह दिया जाता है।

वक्रगतः ग्रह फलित कथन के समय अत्यन्त सतर्कता की माँग करता है। वक्र अवस्था में चल रहे ग्रह के अनुसार भाग्य व भविष्य का निर्णय किस प्रकार लिया जाए इस सम्बन्ध में भारतीय ज्योतिष शास्त्र में अधिक विस्तृत चर्चा उपलब्ध नहीं है। वक्र ग्रहों की स्थिति, इनके महत्त्व तथा इनके विधिवत विश्लेषण पर समुचित अन्वेषण की आवश्यकता है। ज्योतिष शास्त्र में वक्र-गति की सांगोपांग व्याख्या का लगभग अभाव है। ऐसी स्थिति में फलित ज्योतिष का सारा ढाँचा ही चरमराने लगता है।

वक्र ग्रहों के सन्दर्भ में उल्टा, विपरीत या पीछे की ओर चलने का सही भाव क्या होना चाहिए, इस पर विद्वत् जन एकमत नहीं है। क्या वक्र ग्रह सचमुच विपरीत दिशा की ओर चलने लगता है या फिर यह ऐसा मात्र प्रतीत होता है? इसे कहीं भी किसी भी शास्त्रीय ग्रन्थ में स्पष्ट नहीं किया गया। ज्योतिष विश्वकोश (लेखक हरिदत्त) पृष्ठ 510 पर वक्री ग्रह के सम्बन्ध मे लिखा है—"कुछ ग्रह हमको पीछे टेढ़े चलते हुए जान पड़ते हैं, वास्तव में ऐसा नहीं है।"

यदि सुधि विद्वान के उक्त कथन को मान लिया जाए कि वक्र ग्रह उल्टी दिशा में जाते महज दिखाई पड़ते हैं, वास्तव में पीछे की ओर या विपरीत दिशा में गमन नहीं करते तब भी एक समस्या अथवा सन्देह पूर्ववत् बना रहता है। वह यह कि वक्री ग्रह कई बार वक्र गति में मूलराशि से सरक कर पिछली राशि में प्रवेश कर जाता है। इस राशि परिवर्तन को पंचांग दैनिक गति के कला-अंशों में स्पष्ट करता रहता है। ऐसी स्थिति में वक्र गति को प्रतीकात्मक नहीं माना जा सकता। जन्म कुंडली में तो वक्रग्रह जहाँ है वहीं उसे स्थिर मान लिया जाएगा परन्तु गोचर या दैनिक प्रश्न आदि सन्दर्भ में पीछे की ओर हटते ग्रह का निर्णय कैसे किया जाएगा, यह समस्या तनिक उलझन की है।

वक्री ग्रहों क़े बारे में किसी भी ग्रन्थ में व्यापक एवं सारगर्भित व्याख्या नहीं दी गई। एक-दो स्थलों पर जहाँ टिप्पणीगत तरीके से वक्री ग्रह की अवस्था स्पष्ट की गई है, उसे स्पष्ट किया जा रहा है :

मन्त्रेश्वर के अनुसार—

(क) जो निस्तेज ग्रह हैं, वक्री होने पर ज्यादा सुदृढ़ हैं। (चन्द्र, सूर्य को

छोड़कर अन्य ग्रह)

(ख) वक्री ग्रह की स्थिति में यदि वह वक्री हो जाता है, तो वह अधिक बली होता है, अर्थात् वह उच्च का सा काम करता है।

(ग) शनि पापग्रह यदि वक्र हो जाता है तो वह और अधिक पापी बन जाता है।

(घ) शुभ ग्रह यदि वक्री होते हैं तो उनका फल न्यून होता है। (देखिए ज्योतिष विश्वकोष, पृ. 511, 512)

उत्तरकालामृत खंड दो के अनुसार–

(क) वक्री ग्रह का बल उसके उच्च होने के समान समझना चाहिए।

(ख) कोई ग्रह जब किसी वक्री ग्रह के साथ हो तो उसको ½ रूपा बल और प्राप्त हो जाता है यानी मूल ग्रह की शक्ति 1½ गुणा हो जाती है।

(ग) उच्च राशि में पड़ा कोई ग्रह यदि वक्री हो जाता है उसको नीच (बलशून्य) समझना चाहिए।

(घ) नीच राशि में पड़ा कोई ग्रह यदि वक्री हो जाता है, तो उसका फल उच्च राशि में होने की स्थिति जैसा होता है।

(ङ) अगर योगकारक ग्रह वक्री हो तो अधिक उत्तम फलदायक हो जाता है।

(च) उच्च ग्रह के साथ पड़ा हुआ वक्री ग्रह ½ रूपा बल पा जाता है।

(छ) नीच के ग्रह के साथ वक्री ग्रह बल शून्य हो जाता है।

(ज) कोई नैसर्गिक पापी ग्रह (शनि आदि) अपने मित्र के साथ होकर वक्री है तो उसका बल ½ बढ़ जाता है।

प्रमुख ज्योतिष ग्रन्थों में वक्री ग्रहों के बारे में जो स्पष्टीकरण दिया गया है, अधिक पर्याप्त नहीं है। कथित प्रसंग से सम्पूर्ण वक्र-ग्रह फल का आधार स्पष्ट नहीं होता। कुछ शंकाएँ स्वतः उभरती हैं जो इस प्रकार हैं–

(क) उच्च राशि में स्थित वक्री ग्रह भला नीच राशि सा फल कैसे दे सकता है; इसी प्रकार नीच राशि में स्थित वक्री ग्रह भला उच्च राशि में स्थित जैसा कैसे मान लिया जाए? इससे तो ज्योतिष का मूलभूत सिद्धान्त ही लड़खड़ा जाएगा। मान लीजिए शनि तुला राशि में वक्री है; भला उसे मेष यानि नीच में कैसे मान लिया जाए या फिर नीच जैसा फलादेश कैसे कहा जाए?

(ख) इसी प्रकार यदि मंगल अपनी उच्च राशि यानी मकर का वक्री स्थिति में है उसे कर्क यानी अपनी नीच राशि जैसा फलदायक कैसे मान लिया जाए?

(ग) यही स्थिति शुक्र की नीच राशि यानी कन्या में वक्री होने की है; इस अवस्था में शुक्र को उच्च जैसा कैसे मान यलि जाए?

हमने अपने निजी अनुभव में पाया है कि उच्च राशि में वक्री ग्रह अपनी

महत्ता तथा शुभता को कुछ मात्रा में ही कम करता है; शुभता का फल भी देरी से प्रदान करता है। उदाहरणार्थ यदि कोई छात्र सौ में से अस्सी अंक प्राप्त करने की आशा रखता है तो उच्च राशि वक्री ग्रह उसे साठ प्रतिशत तक ले आएगा। परीक्षा में वह असफल रहेगा, ऐसा कदापि नहीं हो सकता।

इसके विपरीत यदि कोई ग्रह नीच राशि में वक्रगत है तो वह अपने घातक प्रभाव को देरी से प्रकट करेगा। देगा तो वह नीच का ही फल, परन्तु जातक के कष्ट को क्षीण करता रहेगा जिससे उसे नीचता के फल का एहसास नहीं रहेगा। नीच एवं वक्री ग्रह युक्त जातक परीक्षा में असफल नहीं होगा, किन्तु बहुत कम अंक प्राप्त करके परीक्षा उत्तीर्ण कर जाएगा।

निष्कर्ष रूप में कहा जा सकता है—

(क) नीच राशि का वक्री ग्रह अशुभ फल को क्षीण करता है, राहत प्रदान करता है।

(ख) उच्च राशि का वक्री ग्रह शुभ फल को तनिक क्षीण करता है; व्यवस्था में देरी उत्पन्न करता है। कटुता उत्पन्न करता है।

(ग) वक्र ग्रह स्वभाववश फल देने में देरी करते हैं।

(घ) अशुभ वक्रीग्रह अशुभता प्रकट करने में शीघ्रता नहीं करते।

(ङ) शुभ वक्री ग्रह अपना शुभ फल देर से प्रदान करते हैं।

वक्री ग्रहों के सन्दर्भ में कुछ अन्य महत्वपूर्ण तथ्य हैं जिनका अन्वेषण और स्पष्टीकरण भी जरूरी जान पड़ता है। जैसे—

(क) चन्द्र और सूर्य क्योंकि अपनी चाल और दिशा नहीं बदलते अतः इन्हें सहज गति कहा जाता है। इसी प्रकार राहु-केतु छाया-ग्रह अपनी दिशा नहीं बदलते—सदा पीछे की ओर चलते हैं। कभी सीधे नहीं होते। फिर राहु-केतु को वक्री क्यों कहा जाता है? इन्हें भी सहज गति मान लिया जाए।

(ख) वक्री ग्रहों को परम बलशाली माना जाता है। शुभता का निर्णय होने पर वक्री ग्रह अति शुभ होगा तथा अशुभ स्थिति में अत्यन्त अशुभ रहेगा। परन्तु किसी भी ग्रन्थकार ने वक्री ग्रहों के फल-दान काल को स्पष्ट नहीं किया। भाव यह कि वक्री ग्रह अपना पूरा फल या प्रभाव किस समय या किन अंशों पर प्रदान करता है, इसकी चर्चा नहीं की गई।

हमने अपने निजी अनुभव से यह पाया है कि सामान्यता कोई वक्री ग्रह जब पुनः अपनी मार्गी गति की ओर उन्मुख होता—यानी वक्री से मार्गी के अंशों के बीच श्वास भरता है तो अत्यन्त प्रबल होकर अपना प्रभाव अंकित करता है। अशुभ है तो जातक के पैर उखाड़ देगा यदि शुभ है तो शिखर पर पहुँचा देगा। परन्तु यह निर्णयकारी काल बहुत लघु समय के लिए होता है। प्रश्न तथा दैनिक

गोचर में तो ऐसी स्थिति प्रायः अनुभव की गई है।

(ग) मान लीजिए किसी जातक की कुंडली में बुध-मंगल-सूर्य एक ही राशि में स्थित है। इनमें बुध वक्री है। ऐसे में कौन सा ग्रह किसका बल ग्रहण करेगा और कब इस युति का पूर्णफल जातक को प्राप्त होगा, इसकी ओर कहीं संकेत नहीं मिलता। इसी प्रकार की युति-योग असंख्य हो सकते हैं। राशि परिवर्तन करनेवाले वक्री ग्रहों की ओर भी ध्यान देना आवश्यक है।

हमने अपने अनुभव में यह भी पाया है कि गुरु, शनि तथा मंगल वक्री होने पर अधिक प्रबल और गहन होते हैं जबकि बुध और शुक्र कम—ऐसा क्यों होता है? यह प्रश्न भी ज्योतिष शास्त्र में विचारणीय है।

ग्रह क्यों वक्री होते हैं : आइए हम इस पर विचार करते हैं। सर्वप्रथम हम आन्तरिक ग्रह का उदाहरण लेते हैं। जैसे बुध की गति को देखें। सभी ग्रह और पृथ्वी सूर्य के चारों ओर चक्कर लगा रहे हैं। बुध सूर्य के चारों ओर 88 दिनों में एक चक्कर लगा लेता है। पृथ्वी सूर्य से (बुध की अपेक्षा) ज्यादा दूरी पर है और सूर्य से चारों ओर 365¼ दिनों में एक चक्कर पूरा करती है। अतएव बुध की कोणीय गति पृथ्वी से ज्यादा है। चित्र 11 में बुध एवं पृथ्वी की गतियों को तीर के निशान से दिखाया गया है। भचक्र में तीर के निशान की दिशा में ग्रहों के भोगांश बढ़ते हैं।

चूँकि ग्रहों के भोगांश भू-केन्द्रीय मापे जाते हैं, हम मान लें कि पृथ्वी स्थिर है तथा बुध तीर की दिशा में सापेक्षिक गति (अर्थात् बुध की गति-पृथ्वी की गति) से चल रहा है। मान लिया दर्शक 'अ' पर स्थित है। चूँकि पृथ्वी को स्थिर माना

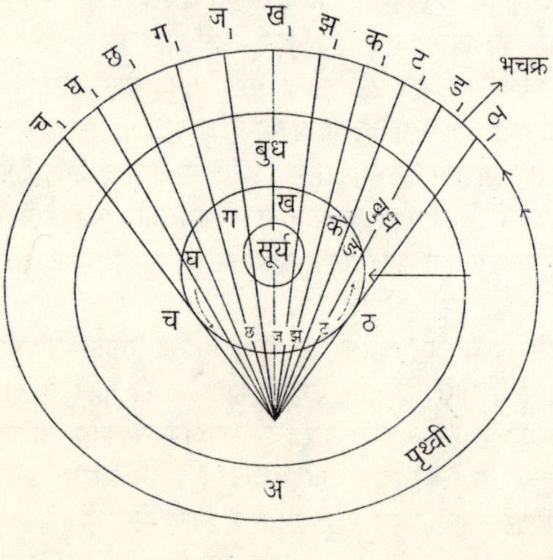

गया है 'अ' स्थिर है। मान लिया बुध 'क' बिन्दु पर है और भचक्र में 'क'$_1$ पर दिखाई पड़ रहा है। जब बुध 'ख' पर पहुँचता है, यह भचक्र में 'ख'$_1$ पर दिखाई पड़ेगा। इसी प्रकार बुध 'ग' एवं 'घ' पर होगा तो वह भचक्र में क्रमशः 'ग'$_1$ एवं 'घ'$_1$ बिन्दुओं पर दिखाई पड़ेगा। यहाँ पर बुध का भोगांश बढ़ रहा है अर्थात् गति मार्गी है। जब बुध 'च' पर आ जाता है तो भोगांश 'च'$_1$ पर है। बुध की कक्षा पृथ्वी (अ) से 'अ' 'च' 'च'$_1$ रेखा स्पर्श-रेखा है। च बिन्दु पर बुध कुछ देर के लिए स्थिर दिखाई पड़ेगा, क्योंकि यहाँ से बुध की वक्री गति प्रारम्भ होती है। इस स्थिति को हम इस प्रकार समझ सकते हैं; जैसे एक लड़का सीधा दौड़ता एक खम्भे या दीवार को छूकर वापस दौड़ना शुरू करता है तो कुछ देर के लिए उसकी गति, दिशा बदलने के क्रम में शून्य सी हो जाती है। इसी प्रकार च बिन्दु पर ग्रह स्थिर सा हो जाता है। अब बुध क्रमशः छ, ज, झ एवं ट बिन्दुओं से जब गुजरेगा तो वह अ से देखने पर भचक्र में क्रमशः छ$_1$, ज$_1$, झ$_1$ तथा ट$_1$ बिन्दुओं पर दिखाई पड़ेगा। जब बुध ठ बिन्दु (जो अ से बुध की कक्षा पर स्पर्श रेखा बनाता है) पर पहुँचेगा तो वह भचक्र में ठ$_1$ पर दिखाई पड़ेगा। अब चूँकि छ$_1$ से ठ$_1$ तक क्रमशः भोगांश कम हो रहे हैं अब बुध भचक्र में वक्री (विपरीत दिशा में) गमन करता हुआ दिखाई पड़ेगा। ठ$_1$ बिन्दु पर फिर बुध कुछ देर के लिए स्थिर दिखाई पड़ेगा और बाद में मार्गी (बढ़ता हुआ भोगांश) गति से भ्रमण करता दिखाई पड़ेगा। इसी प्रकार शुक्र की गति मार्गी तथा वक्री होगी।

वाह्य ग्रह (मंगल, बृहस्पति एवं शनि) की गतियाँ पृथ्वी से बहुत कम है। इसलिए इन ग्रहों को स्थिर तथा पृथ्वी को गतिमान रखकर हम इन बाह्य ग्रहों का वक्री होना दर्शा सकते हैं।

हम यह देखते हैं कि आन्तरिक ग्रह (बुध एवं शुक्र) जब पृथ्वी एवं सूर्य के मध्य होते हैं तो वक्री होते हैं। और बाह्य ग्रह (मंगल, बृहस्पति एवं शनि) वक्री होते हैं जब पृथ्वी उस बाह्य ग्रह एवं सूर्य के मध्य में आती है। अर्थात् दोनों स्थितियों में जब ग्रह पृथ्वी से निकटतम होता है तो वक्री होता है।

दसवाँ अध्याय

कुछ महत्वपूर्ण सन्देह एवं प्रश्न
जुड़वाँ जातकों का भविष्य
हवाई यात्रा के दौरान जन्म
एक ही नगर, एक ही समय में जन्मे जातकों में भाग्य विषमता–कारण
भूकम्प, रेल दुर्घटना, एयर क्रेश आदि में सामूहिक मृतकों का कारण
सामूहिक दंगों में मरनेवालों का कारण
ज्योतिष–शाकाहार और मदिरापान
शुक्र ग्रह की आकृति और लिंग–एक सन्देह
वर वधू मिलान–कितना सौदा कितना ज्योतिष

जुड़वाँ

जुड़वाँ बच्चों को समझने की थोड़ी कोशिश करें। दो तरह के जुड़वा बच्चे होते हैं। एक तो जुड़वा बच्चे होते हैं जो एक ही अंडे से पैदा होते हैं। और दूसरे जुड़वा होते हैं जो होते तो जुड़वाँ हैं लेकिन दो अंडों से पैदा होते हैं। माँ के पेट में दो अंडे होते हैं, दो बच्चे पैदा होते हैं। एक अंडे से जो दो बच्चे पैदा होते हैं वे बड़े महत्वपूर्ण हैं। क्योंकि उनके जन्म का क्षण बिलकुल एक होता है। दो अंडों से जो बच्चे पैदा होते हैं उन्हें जुड़वाँ हम करते जरूर हैं लेकिन उनके जन्म का क्षण एक नहीं होता। और उनका बुद्धि माप करीब-करीब बराबर होता है। और जो थोड़ा भेद दिखता है, वह जो जानते हैं वह कहते हैं वह हमारी माप की गलती के कारण है। अभी तक हम ठीक मापदंड विकसित नहीं कर पाए हैं जिनसे हम बुद्धि का अंक नाप सकें। थोड़ा-सा जो भेद कभी पड़ता है वह हमारे तराजू की भूल-चूक है। अगर एक अंडे से पैदा हुए दो बच्चों को बिलकुल अलग-अलग पाला जाए तो भी उनके बुद्धि अंक में कोई फर्क नहीं पड़ता। एक को हिन्दुस्तान

में पाला जाए और एक को चीन में पाला जाए और कभी एक-दूसरे को पता भी न चलने दिया जाए तो भी। ऐसी कुछ घटनाएँ घटी हैं जब दोनों बच्चे अलग-अलग पले, बड़े हुए, लेकिन उनके बुद्धि अंक में कोई फर्क नहीं पड़ा। बड़ी हैरानी की बात है, बुद्धि अंक ऐसी चीज है कि जन्म की पोटेंशियलिटी से जुड़ी है। लेकिन वह जो चीन में जुड़वाँ बच्चा है एक ही अंडे का, जब उसको जुकाम होगा, तब जो भारत में बच्चा है उसको भी जुकाम होगा। आमतौर से एक अंडे से पैदा हुए बच्चे एक ही साल में मरते हैं। ज्यादा से ज्यादा उनकी मृत्यु में फर्क तीन वर्ष का होता है और कम से कम तीन दिन का। पर तीन वर्ष से ज्यादा का फासला कभी नहीं होता है। अगर एक बच्चा मर गया है तो हम मान सकते हैं कि तीन दिन के बाद या तीन वर्ष के बीच दूसरा बच्चा मर जाएगा। इनके रुझान, इनके ढंग, इनके भाव समानान्तर होते हैं। और करीब-करीब ऐसा मालूम पड़ता है कि ये दोनों एक ढंग से जीते हैं। एक-दूसरे की कापी की भाँति होते हैं। इनका इतना एक जैसा होना और बहुत-सी बातों से सिद्ध होता है।

नक्षत्र चुनता है कि कब उसे पैदा होना है। और गहरे जाएँगे तो वह अपना गर्भधारण भी चुनता है। प्रत्येक आत्मा अपना गर्भधारण चुनती है कि कब उसे गर्भ स्वीकार करना है, किस क्षण में। क्षण छोटी घटना नहीं है। क्षण का अर्थ है पूरा विश्व उस क्षण में कैसा है। और उस क्षण में पूरा विश्व किस तरह की सम्भावनाओं के द्वार खोलता है। जब एक अंडे में दो बच्चे एक साथ गर्भधारण लेते हैं तो उनके गर्भधारण का क्षण एक ही होता है और उनके जन्म का क्षण भी एक होता है। अब यह बहुत मजे की बात है कि एक ही अंडे से पैदा हुए दो बच्चों का जीवन इतना एक जैसा है, इतना एक जैसा होता है कि यह कहना मुश्किल है कि जन्म का क्षण प्रभाव नहीं डालता। एक अंडे से पैदा हुए दो बच्चों का आई क्यू, अर्थात् बुद्धिमाप करीब करीब बराबर होता है।

कुछ अन्य महत्वपूर्ण सन्देह

एक विराट् ज्योतिष सम्मेलन में कुछ जिज्ञासु सज्जनों द्वारा कुछ सन्देह व्यक्त किए गए। उनके प्रश्नों का जो उत्तर या समाधान दिया गया, इस प्रकार है।

प्रश्न : जुड़वाँ बच्चों के भविष्य का निर्णय किस प्रकार किया जाए। थोड़े अन्तराल में जन्मे शिशुओं की लग्न कुंडलियाँ लगभग समान होती हैं।

उत्तर : सबसे पहले इस बात का निर्णय जरूरी है कि जुड़वाँ एक ही शरीरधारी हैं या कि दो अलग-अलग शरीर लेकर जन्मे हैं। कई बार एक साथ तीन जातकों (तिड़वाँ) का जन्म होता है, कई बार एक साथ चार जातकों (चुड़वाँ) का जन्म

होता है।

ज्योतिष शास्त्र की दृष्टि से ऐसे शिशुओं के भाग्य का निर्णय अत्यन्त कठिन हो जाता है। इस दिशा में व्यापक अन्वेषण एवं अनुसन्धान की आवश्यकता है। फिर भी कुछ ध्यान देने योग्य बातें हैं जिन पर विचार किया जा सकता है। जिन जुड़वाँ बच्चों का एक ही शरीर है उनके भविष्य के बारे में कुछ भी निश्चित नहीं है। उनके बहुत लम्बा समय जीवित रहने की सम्भावना नहीं होती।

जिन जुड़वाँ जातकों का जन्म अलग-अलग समय अन्तराल में हुआ है उसके लिए भविष्य कथन करते समय अत्यन्त सतर्कता की जरूरत है। यदि दोनों के जन्म समय में घंटे-दो घंटे का अन्तराल है तो लग्न परिवर्तन की सम्भावना बनी रहती है। ऐसे में दशा फल पर विधिवत् विचार किया जा सकता है। यदि जुड़वाँ शिशुओं में दस-पाँच मिनट का ही अन्तर है तो स्थिति अत्यधिक गम्भीर हो जाती है। एक ही लग्न कुंडली से दो अलग भाग्य दिशाएँ कैसे दी जा सकती हैं?

हमारी दृष्टि में ऐसी स्थिति में यह मानकर चलना होगा कि पहले जन्म लेनेवाले जुड़वाँ की कुंडली मुख्य आधार का कार्य करेगी। पहले जन्म के तुरन्त बाद उस जातक का भाई-बहिन प्रकट हो रहे हैं। दूसरे स्थान पर जन्मे जुड़वाँ का भविष्य वाचने के लिए कुंडली के तीसरे और ग्यारहवें यानी भाई-बहिन के घरों को भी आधार बनाकर फलादेश देना पड़ेगा। इसी प्रकार एक साथ जन्मे तीन या चार जातकों के भाग्य का निर्णय करना होगा। पहले जातक के उपरान्त उसका अनुज या अनुजा जन्म ले रहे हैं, इसी प्रकार कुंडली का विश्लेषण करना होगा। साथ ही पुरुष सन्तानों के लिए मंगल ग्रह की स्थिति तथा स्त्री सन्तानों के समय चन्द्र-बुध ग्रहों की स्थिति पर भी विचार कर लेना चाहिए।

तीन या चार इकट्ठे जन्मे जातकों के जन्मकाल में व्यापक अन्तराल है तो नवांश आदि का विचार फलादेश कथन को सुगम बना देगा।

प्रश्न : हवाई यात्रा के दौरान जन्मे जातक की लग्न कुंडली कैसे बनेगी?

उत्तर : जन्म समय वायुयान जिस देश के ऊपर से गुजर रहा हो और जिस अक्षांश रेखांश के अनुसार विश्व मानचित्र पर गतिमान प्रतीत हो, उसी देश, काल एवं अक्षांश-रेखांश के अनुरूप लगन सिद्ध कर लेना चाहिए।

प्रश्न : एक ही नगर में एक ही समय में जन्म लेनेवाले विभिन्न व्यक्तियों के भाग्य में भिन्नता एवं विषमता देखी जाती है, ऐसा क्यों?

उत्तर : नगर एक हो सकता है; जन्म तिथि एवं काल भी एक हो सकते हैं किन्तु पारिवारिक संस्कार तथा पैतृक स्थितियों में व्यापक अन्तर होता है। जातक की जन्म कुंडली के साथ उसके पिता तथा अन्य सदस्यों के ग्रहों पर भी विचार

करना जरूरी है। भाग्य में अन्तर स्वतः स्पष्ट हो जाता है।

प्रश्न : महाप्रलय, भूकम्प, बवंडर, रेल, दुर्घटना एवं सामूहिक जीवन-हानि के सम्बन्ध में ज्योतिष शास्त्र क्या कहेगा? भूकम्प या प्रलयी बाढ़ में एक साथ क्षतिग्रस्त लोगों की कुंडलियों में एक ही मारक ग्रह होता है? सामूहिक दंगों में मरनेवालों के सम्बन्ध में क्या कोई स्पष्टीकरण हो सकता है?

उत्तर : ज्योतिष शास्त्र की एक अंग है जिसे 'मण्डेन एस्ट्रॉलाजी' कहते हैं। इसके अनुसार राष्ट्रों तथा महाप्रलयों आदि की चर्चा की जाती है। ज्योतिष शास्त्र में देश तथा स्थान विशेष का अपना महत्व होता है। जिस प्रकार जातक की व्यक्तिपरक कुंडली बनती है, इसी प्रकार स्थान विशेष की कुंडली भी उपलब्ध रहती है। स्थान विशेष, देश तथा सम्पूर्ण आकाशीय ग्रह चाल के अनुसार व्यक्तिपरक जन्म कुंडली का अध्ययन करना चाहिए। कहने का भाव यह कि जातक की कुंडली की गणना करते समय देश या स्थान विशेष-प्रान्त आदि रेलयात्रा का समय, यात्रा क्षेत्र आदि पर ध्यान देना जरूरी है। घटना विशेष में सामूहिक जीवन हानि का कारण उस प्रान्त अथवा स्थल का मारकत्व है। अपनी बात को और अधिक स्पष्ट करना चाहता हूँ। मान लीजिए कोई व्यक्ति ज्योतिषी के पास प्रश्न करता है—क्या इस सप्ताह उसे देनदार से धन प्राप्त हो जाएगा? अथवा किसी सरकारी कार्यालय से जरूरी पत्र मिल जाएगा?

जातक की प्रश्न कुंडली या जन्म कुंडली में बहुत सशक्त कार्यसिद्धि का योग देखकर उसे कह दिया जाता है कि आनेवाले पाँच दिन कार्यसिद्धि के लिए अत्यन्त शुभ हैं। कार्यसिद्ध हो जाएगा। परन्तु अगले ही दिन नगर में कोई दंगा या प्रलयी स्थिति उत्पन्न हो जाती है। आपात स्थिति में सब कामकाज ठप्प हो जाते हैं या प्रशासन की ओर से कर्फ्यू की घोषणा कर दी जाती है। पन्द्रह दिनों तक सब कुछ अस्त-व्यस्त रहता है। इस स्थिति में जातक की निजी कुंडली का कोई महत्व नहीं रह जाता। भविष्य कथन करते समय ज्योतिषी को विश्व जनीन ग्रह मंडल पर ध्यान एकाग्र करना चाहिए। रेलयात्रा के समय जातक के ग्रह गौण होते हैं।

पश्चिम के कुछ विद्वानों का मानना है कि जितना समय आप किसी सवारी गाड़ी, हवाई उड़ान बस आदि या नौका में यात्रा करते हैं उतना समय आपकी कुंडली चालक में लुप्त हो जाती है या आपके ग्रह गौण हो जाते हैं। यदि रेलगाड़ी के चालक या खेवट की कुंडली में मारकेश या पापी ग्रह की दशा चल रही है तो दुर्घटना की सम्भावना बढ़ जाती है। घुड़-दौड़ में सट्टा खेलनेवाले घोड़ों तथा जॉकी आदि की कुंडलियों पर प्रायः ध्यान रखते हैं।

प्रश्न : कई बार कोई मान्य ज्योतिषी मांसाहार और मदिरपान के त्याग पर

बल देता है, ऐसा क्यों?

उत्तर : मांसाहार या मदिरापान का ज्योतिष शास्त्र के साथ कोई सीधा सम्बन्ध नहीं है। आहार-विहार प्रत्येक समाज, देश और संस्कृति के अनुरूप होता है। भोजन या आहार बहुधा निजी आस्था, धर्म और विश्वास पर निर्भर करता है। शुद्ध और सात्विक भोजन स्वास्थ्यवर्द्धक है, संस्कारों और विचारों को शुद्ध और सन्तुलित रखता है। अधिक मदिरपान सामाजिक और चारित्रिक दृष्टि से निन्दनीय है। परन्तु ग्रहों का इससे कोई लेन-देन नहीं है। शाकाहारी या मांसाहारी–यह प्रश्न प्रादेशिक संस्कारों या जरूरतों में गौण हो जाता है। बंगाल में मछली शाकाहार है जबकि पंजाब में मांसाहार। यूरोप तथा अमेरिका का बहुधा भू-भाग मांसाहारी है तथा भरपूर मदिरापान करता है फिर भी वह समाज चतुर्दिक उन्नति की ओर है।

शुक्र या वीनस–एक सन्देह

विभिन्न ग्रन्थों में शुक्र ग्रह की चर्चा निम्न प्रकार से उपलब्ध होती है–

(क) ज्योतिष शास्त्र में शुक्र

(ख) पुराणों में शुक्राचार्य

(ग) पश्चिमी ज्योतिष शास्त्र में वीनस Venus

शुक्र ग्रह के इन तीनों ही रूपों में पर्याप्त भिन्नता और विषमता है जो सुहृदय पाठक के मन में प्रायः सन्देह उत्पन्न करती है।

पाश्चात्य ज्योतिष शास्त्र में शुक्र यानी वीनस को सुन्दर एवं युवा महिला (स्त्री) के रूप में चित्रित किया गया है। वीनस को प्रेम, यौवन और सौन्दर्य की देवी माना गया है। वीनस का स्वरूप एवं व्यक्तित्व अत्यन्त मनमोहक, नयनाभिराम तथा आकर्षक स्वीकार किया गया है। पश्चिमी कला जगत में वीनस को एक ऐसी अप्सरा के रूप में चित्रित किया गया है जिसके अंग प्रत्यंग से कामुकता और मादकता स्वतः प्रस्फुटित हो रहे हैं।

इसके विपरीत भारतीय ज्योतिष में शुक्र को पुरुष आकार में वर्णित किया गया है। शुक्र ग्रह विभिन्न प्रकार की कलाओं और उपकलाओं का स्रष्टा और अधिष्ठाता है। शुक्र को संगीत, सौन्दर्य, अलंकरण, शृंगार, चिकित्सा, स्त्री एवं काम सुख, वाहन, वीर्य तथा सुगन्धित पदार्थों का कारक माना जाता है।

श्री वराहमिहिर के अनुसार–शुक्र ग्रह सुखी, मोहक शरीर वाला, सुन्दर नेत्र, श्याम वर्ण एवं घुँघराले बालों वाला है।

श्री मन्त्रेश्वर के अनुसार–शुक्र गौर वर्ण के, श्वेत वस्त्र पहने, मुकुट लगाए, चतुर्भुज, एक हाथ में रुद्राक्ष की माला, एक में कमंडलु, एक में दंड लिए, एक हाथ वरद मुद्रा में उठाए, प्रशान्त, शोभायुक्त दैत्य गुरु मेरे लिए वरदायक हों।

श्री ओंकारनाथ त्रिवेदी के अनुसार शुक्र का पौराणिक स्वरूप (कथा) इस प्रकार है :

भारतीय ज्योतिष में शुक्र को दैत्यों का धर्मगुरु और प्रधानमन्त्री माना है। जो स्थान बृहस्पति का देववर्ग में है वही शुक्र का दैत्य वर्ग में है।

कहा जाता है कि पौराणिक काल में दैत्यराज बलि इस अखंड भूमंडल के चक्रवर्ती सम्राट थे। वे प्रजापालक और दानी थे। आचार्य शुक्र उनके धर्मगुरु और महामन्त्री थे। उनका तप और पुण्य, इस सीमा पर पहुँचा कि देवलोग में इन्द्र को पदच्युत करके बलि को स्वर्गाधिपति बनाने की समस्या उत्पन्न हो गई। तब भगवान विष्णु वामन रूप धारण करके, ब्राह्मण वेष में उन्हें छलने पहुँचे और तीन पग पृथ्वी का दान माँगा। शुक्राचार्य के बार-बार हठपूर्वक मना करने पर भी दैत्यराज ने दान देना स्वीकार कर लिया। दान का संकल्प करने के लिए दैत्यराज ने हाथ में कुशाक्षतपुष्प लिए और गढुआ (टोंटीदार लोटा) से हाथ पर जल डालना चाहा। शुक्राचार्य जी सूक्ष्म रूप धारण करके गडुए की टोंटी में बैठ गए और जल का मार्ग अवरुद्ध कर दिया। भगवान विष्णु ने, जलावरोध दूर करने के लिए, टोंटी में कुश की नोकदार जड़ डाल दिया जिससे आचार्य जी की एक आँख फूट गई और वे काने हो गए। कुछ लोग कहते हैं कि उन्होंने अपनी दृष्टि शक्ति (मैस्मरेजम) द्वारा टोंटी से जल का निकलना रोका था। शेष घटना वैसी ही है।

फलित ज्योतिष के जातक ग्रन्थों में जो एकाक्ष योग और नेत्र विकल योग दिए हैं उनमें शुक्र ग्रह की ही प्रधानता है।

इस प्रसंग में निम्न प्रश्न स्वतः उभरकर सामने आते हैं जिनका निराकरण जरूरी है। इस दिशा में शोध एवं विचार करना होगा—

(क) शुक्र ग्रह स्त्री कारक है, क्या स्वयं वह नर है या नारी यह स्पष्ट नहीं है।

(ख) पुराणों में शुक्र को एकाक्षी (काना) कहा गया है, ऐसा व्यक्ति सौन्दर्य का प्रतीक अथवा आकर्षक मुद्रा कैसे हो सकता है?

(ग) पश्चिमी लोग वीनस को युवा तरुणी मानते हैं। भारतीय शुक्र को प्रौढ़ मन्त्री एवं बलिष्ठ

(घ) हो सकता है खगोल में विद्यमान शुक्र ग्रह की खोज पौराणिक शुक्राचार्य ने की हो तथा उनके अनुसार ही इस ग्रह का नामकरण कर दिया गया हो—यह विचारणीय विषय है।

आजकल प्रायः ऐसा होता है कि खोजकर्ता के नाम पर नव नक्षत्र का नामकरण कर दिया जाता है।

वर-वधू–कुंडली मिलान

भावी वर-वधू की कुंडली का मिलान अत्यन्त महत्वपूर्ण एवं परिश्रम साध्य कार्य है। इसविषय में बहुत जिम्मेदारी से काम लेना चाहिए। कुंडलियों का मिलान यजमान तथा ज्योतिष महोदय–दोनों से ही अत्यन्त सतर्कता की माँग रखता है।

प्रायः देखने में आता है कि कोई सज्जन व्यक्ति किसी सरलचित्त एवं सात्विक पंडित के पास जाता है और जेब से कागज का एक पुर्जा सा निकालकर ज्योतिषी के आगे रखता हुआ कहता है, "पंडितजी, जरा शादी के लिए यह मिलान कर दीजिए।" दूसरी ओर ज्योतिष महोदय एक-दो मिनटों में ही अपना निर्णय सुना देता है। ग्राहक बीस-पचास का नोट पंडित जी को थमाकर चलता बनता है। कुंडली मिलान का काम खत्म।

कुंडली मिलान के लिए यह जरूरी है कि दोनों कुंडलियों की विधिवत् गणित की जाए। कुंडली मिलान की फीस लगभग दो कुंडलियों की रचना-फीस जितनी होनी चाहिए। यदि कोई ज्योतिर्विद एक टेवा या जन्मपत्री बनाने के दो सौ या पाँच सौ रुपये लेता है तो वर-वधु के मिलान की फीस एक हजार से कम नहीं होनी चाहिए। निर्धन ज्योतिषी तो इस बात को समझता है परन्तु सामान्य जनता की कौन कंहे?

बात एक दो कुंडलियों के मिलान की हो तो अधिक चिन्ता नहीं होती। हाँ, कोई निकटवर्ती और स्नेही सूत्र किसी समाचार पत्र से बीस-तीस जन्मतिथियाँ उठाकर किसी ज्योतिषी को घंटों तक घेरे रखे तो बात बहुत कष्टदायक हो जाती है। ऐसे में किसी भी सुविज्ञ ज्योतिषज्ञाता की फीस दस-बीस हजार होनी चाहिए, जो प्रायः नहीं होती।

व्यावहारिक जीवन में कोई व्यक्ति भवन निर्माण के लिए नक्शा बनवाने के लिए लाख-दो लाख तक खर्च कर देता है ताकि भावी जीवन सुखमय व्यतीत हो। पुत्र या पुत्री के विवाह में–दिखावे और मंडप आदि पर–दस-बीस लाख का खर्च हो जाता है। वर-वधू के पाणिग्रहण के अवसर पर उपहारों और शगुनों की भरमार रहती है; लाखों रुपये इधर से उधर हो जाते हैं। कुछ ही महीनों में दोनों पार्टियाँ तलाक के लिए कोर्ट-कचहरी के चक्कर लगाती नजर आती हैं। अशान्त क्षणों में दोनों ओर के लोग कुंडली मिलानकर्ता ज्योतिषी को कोसते हुए नजर आते हैं। ज्योतिषी महोदय को, ऐसी स्थिति में, कोसना ठीक प्रतीत होता है। परन्तु वर-वधू के भावी जीवन की सुख-सम्पन्नता का निर्णय करने के लिए ज्योतिषी महोदय को सौ-दो सौ रुपये दान कर चुकता करना कहाँ तक उचित है।

कम्प्यूटर बहुत कुछ मिलान कर देता है परन्तु पुनः ज्योतिषकीय अन्तर्ज्ञान के अभाव में बात अटकी और लटकी रह जाती है।

ग्याहरवाँ अध्याय

ज्योतिष की विश्वसनीयता
वैज्ञानिक आधार

ज्योतिष का वैज्ञानिक आधार

ज्योतिष अज्ञात के रहस्यों को आलोकित करने की एक वैज्ञानिक विधा है। यह अकाल में समय की सीमा निर्धारित करने की दैवी विद्या है। यह ज्ञान चराचर विश्व के गुप्त एवं गूढ़ तथ्यों पर सतर्क ढंग से दृष्टिपात करता है। अन्धकार एवं अज्ञानता में भटकते सांसारिक प्राणियों का मार्ग-दर्शन करता है। यह दैवी-विद्या सरस्वती की वाक्-शक्ति, शिव की चरण गंगा, विष्णु की क्षीर-शैय्या, ब्रह्मा का पावन आलेख तथा सोमसूर्य की पुण्य आरती बेला है। वृहस्पति का आशीष, शुक्र की मन्त्रणा, भौम का शौर्य, बुध का वर्चस्व-शनि का शून्यत्व तथा राहु, केतु का अन्तर्ज्ञान इस पालकी के प्रभापुंज है। सृष्टि के कण-कण में परिव्याप्त अनन्त चेतना इसका प्राण है। अनन्त आकाश-गंगाओं का मार्ग निर्दिष्ट करती यह ब्रह्म-विद्या जन्म-मरण के कर्म-चाक पर घूमते वेदना-विदग्ध जीवों पर अमृत-वर्षा करती है। कलाकार की कमनीयता, वैज्ञानिक की बेध-शाला, भूगोल शास्त्री के मानचित्र, सामुदायिक की पर्वत-धाराएँ, रत्नाकर की दिव्यता, गणितज्ञ की गणना, वैद्यराज चरक की चाशनी, विश्व-कर्मा के सेध सूत्र, गणपति बाबा के पावन मोदक, पातंजल का योग मनन, गीता का ज्ञान सार, वेदों की यज्ञशाला, मनु की आचार-संहिता—ये सभी इस अद्भुत एवं दैवी विद्या के पूरक हैं। इतनी व्यापक, तर्क-पूर्ण गूढ़ एवं गहन विद्या का आधार ठोस वैज्ञानिक पद्धति ही है, इसके प्रति सन्देह नहीं है।

अज्ञात का ज्ञान, अदृश्य का साक्षीकरण, अरूप का रूपायन तथा संस्कृति का संस्कार ही ज्योतिष है। यह मानवीय संवेदनाओं से जुड़ा व्यावहारिक ज्ञान है। सौरमंडल के समस्त ग्रह, उपग्रह, राशियाँ और परिक्रमाएँ—ये सभी एक निश्चित गणना के अनुरूप क्रियाशील हैं। पृथ्वी का, यात्रा पथ, नक्षत्रों का उदय और अस्त,

ऋतु-परिवर्तन, सूर्य-चन्द्रग्रहण, धूमकेतु आगमन–ये सभी एक पूर्व निश्चित नियमों की प्रतिबद्धता का अनुसरण करते हैं। इन सभी प्राकृतिक और खगोल सम्बन्धी घटनाओं का हमारी पृथ्वी पर तथा तदनुरूप मानवीय जीवन पर गहरा प्रभाव अंकित होता है। ऐसा सौरमंडल के प्रादुर्भाव से चला आ रहा है। ज्योतिष बेत्ता इन्हीं घटनाओं को सम्मुख रखते हुए कुंडली दर्पण से मनुष्य का भविष्य स्पष्ट करता है। ये सारी प्रक्रियाएँ नियमबद्ध है, वैज्ञानिक हैं। डॉ० वी०वी० रामन् के अनुसार, "ज्योतिष शास्त्र के पास सबसे प्रबल हथियार अपेक्षावाद (relativity) है। इस शास्त्र का मूलाधार यह तथ्य है कि सूर्य से लेकर बड़े-बड़े ग्रहों तक–और एक ग्रह से दूसरे तक–एक प्रकार की आकाशवाणी (ethereal) तरंगें फैली हुई हैं। जिस वस्तु को हम अन्तरिक्ष कहते हैं, वह वास्तव में एक जाल-सा है, जिसमें विभिन्न शक्तियाँ एक-दूसरे को प्रभावित कर रही हैं और स्वयं प्रभावित हो रही है!" ब्रह्मांड का एक अंश–हमारी धरती भी इन्हीं शक्तियों और तरंगों से प्रभावित होती है। सूर्य के सम्मुख धरती के जिस पड़ाव में प्राणी का जन्म होता है, वही लग्न कहलाता है। उसी के अनुरूप अन्य ग्रहों की स्थिति की गणना करते हुए गणितज्ञ कुंडली दर्शन का विधान रचता है। लग्न के समय अन्तरिक्ष में जिस प्रकार की शक्तियों, तरंगों, वायुमंडलों और ग्रहों का आदान-प्रदान चलता है उसी के अनुरूप फलित वक्ता नवजात का भविष्य विश्लेषित करता है। ये सारी प्रक्रिया एक नितान्त तथ्यात्मक वैज्ञानिक अन्वेषण का ही प्ररूप है।

प्रसन्नता की बात हे कि आज ज्योतिष का गम्भीरतापूर्वक अध्ययन करने की इच्छा शिक्षित लोगों में उत्तरोत्तर बढ़ती जा रही है। फिर भी स्वयं को 'वैज्ञानिक' कहलानेवाले कुछ कट्टर-पंथी सामाजिक कार्यकर्ता, राजनेता तथा धर्म-प्रणेता ज्योतिष के महत्व को आँखों से ओझल करने का उपक्रम करते जा रहे हैं। ज्योतिष सामान्य विद्या नहीं है; यह भारतीय ऋषियों का वरदान है तथा उनके सतत मनन, चिन्तन एवं योगसाधना से उद्‌भूत अन्तर्ज्ञान की महिमा है। साधना-योग के बल पर ऋषिगण सूक्ष्म-मापक और दूरदर्शक यन्त्रों के बिना ही इस विश्व के सम्बन्ध में सब बातें जान सकते थे; उन्हें माप और तोल सकते थे। उनका वर्गीकरण कर सकते थे। मन की एकाग्रता से जो अमूल्य फल प्राप्त किए जा सकते हैं, वह प्रयोगशाला के उपकरणों से नहीं मिल सकते। अन्तर्ज्ञान और अभ्यान्तरिक विकास द्वारा ऋषियों ने इस तथ्य को पा लिया था कि जो 'पिंड' में है वही ब्रह्मांड में है यानी मनुष्य का शरीर सृष्टि का ही प्रतिबिम्ब है। जो शरीर में है वही सृष्टि में है। इसी मौलिक सत्य को प्रकाशित करने का विज्ञान ही ज्योतिष है। ज्योतिष विद्या उस सम्बन्ध को उजागर करती है जो मनुष्य और ब्रह्मांड के बीच विद्यमान है।

वैज्ञानिक अन्वेषण के बहुधा परिणाम कारण-कार्य (came & effect) नियम पर भी आधारित होते हैं। इस सम्बन्ध में बर्ट्रेण्ड रसेल का मत है, "एक सम्बन्ध जो अनेक स्थानों पर सच्चा सिद्ध हुआ है और कभी झूठा नहीं निकला, उसके विषय में जो सम्भावना अधिक से अधिक मात्रा में स्थिर की जा सकती है, वह यही है कि वह सदैव सत्य है।" फलित ज्योतिष के बहुधा नियम इसी परिभाषा एवं नियम के अनुरूप सत्य सिद्ध होते हैं। विशिष्ट परिस्थितियों में खास-खास घटनाएँ यदि बार-बार प्रकट होती रहें तो ज्योतिषकों के लिए अपना निर्णय देना सुगम हो जाता है। जैसाकि प्रायः देखने में आता है कि तपती दोपहरी में जन्मवाले जातकों तथा भोर से पूर्व प्रशान्त वातावरण में जन्मे जातकों में स्वभावगत अन्तर होता है। तप्त सूर्य का प्रभाव जातक को उग्रता प्रदान करता है जबकि भोर बेला का सहज वातावरण जातक को प्रशान्त एवं सौम्य वृत्ति प्रदान करता है। रात्रि की गहनता में उत्पन्न प्राणी रहस्यात्मक वृत्ति की ओर अधिक उन्मुख होते हैं, शीघ्र भयभीत तथा आतंकित हो जाते हैं। इसके विपरीत गोधूलि में जन्म लेनेवाले जातक कुछ आरामदेह स्वभाव के होते हैं। ढलती साँझ में एक विशेष प्रकार का ठहराव सृष्टि के ओर-छोर में व्याप्त रहता है, कुछ ऐसा ही ठहराव सन्ध्या की लालिमा को ओढ़ने वाले जातकों में दृष्टिगोचर होता है।

यह तथ्य सर्वविदित है कि चन्द्र की स्थिति के साथ जातक की मानसिक आवश्यकता का विशेष सम्बन्ध है। कृष्णपक्ष यानी क्षीण चन्द्रमा के दिनों में जन्मे मनुष्यों तथा शुक्ल पक्ष यानी बढ़ते चन्द्र के दिनों में उत्पन्न जातकों में पर्याप्त अन्तर होता था। कृष्ण पक्ष के दिनों में मानसिक रोगियों की हालत ज्यादा चिन्ताजनक हो जाती है। हिस्ट्रिक अटैक इन दिनों बढ़ जाते हैं। अंग्रेजी में चन्द्र को 'लूना' कहा जाता है। चन्द्र का दोष बढ़ जाने पर व्यक्ति 'लूनाटिक' भाव उन्मत्त या पागल हो जाता है। ऐसा एक नहीं असंख्य सन्दर्भों में देखा गया है। मानसिक रोग और स्त्री-धर्म रोग चन्द्र-ग्रहण के दिनों अधिक प्रबल होकर प्रकट होते हैं। जातक का स्वस्थ, अस्वस्थ, सहज या विकलांग तथा आयुष्मान होना आकाश में तत्काल चन्द्र की प्रभा और अंशों पर निर्भर करता है। यह तथ्य केवल इस बात को सांकेतित करने के लिए है कि वैज्ञानिक क्षेत्र के सभी नियम फलित ज्योतिष पर पूर्णतया लागू होते हैं। प्रसिद्ध विद्वान् लाप्लास का कथन है कि एक से कारणों का प्रभाव भी एक-सा होता है। ज्योतिष एक वैज्ञानिक विधि है जिसके द्वारा ग्रहयोगों के प्रकाश में, व्यक्तियों, जातियों और राष्ट्रों की अतीत प्रवृत्तियों और भावी कर्मों का पता लगाया जाता है। यह विद्या ग्रहों की गतियों के प्रति जीवन की प्रतिक्रियाएँ बताती हैं। संस्कृत में इसे ही 'होरा शास्त्र' अथवा 'ज्योतिष' या 'काल-विज्ञान' कहते हैं। प्रसिद्ध विद्वान् वी०वी० रामन का कथन है, "यह विज्ञानों

में भी परम-विज्ञान है, जो कि सब प्रकार के ज्ञान की कुंजी है। यह वही ज्ञान है जो मनुष्य को प्रकृति से सम्बद्ध करता है और यह निर्धारित करता है कि मानव जीवन एक पूर्व निश्चित अनुशासन और व्यवस्था के अनुरूप चलता है।'' ब्रह्मांड में कुछ भी आकस्मिक नहीं है। आकाश में स्थित ग्रहों की चाल में जो व्यवस्था है वह अत्यन्त विलक्षण है। हैरान करनेवाली है। आकाशमंडल की मुख्यावस्था तथा भूमि पर उन तरंगों के प्रभाव को आमने-सामने रखकर ज्योतिष इसका फल कहता है, इसे ही हम सामान्य भाषा में 'ग्रहों का प्रभाव' कहते हैं महर्षि पतंजलि मानते हैं कि आध्यात्मिक सिद्धि के द्वारा एक योगी विभिन्न ग्रहों-पिंडों के साथ सीधा सम्पर्क स्थापित कर सकता है और उनके रहस्यों तथा प्रभावों को बिना किसी यान्त्रिक उपक्रम के भी अधिगत कर सकता है।

सौर-मंडल एवं परिवार में सूर्य-चन्द्र सबसे महत्वपूर्ण सदस्य हैं। दोनों ही आलोकमान ग्रह हैं। मानवीय जीवन तथा इस पृथ्वी पर इन दोनों का प्रभाव रोष ग्रहों की अपेक्षा अधिक स्पष्टता एवं सुगमता से अनुभव किया जा सकता है। वेदों में सूर्य को जगदात्मा के नाम से पुकारा गया है। यह दृश्यमान परमेश्वर है, मानव शरीर में आत्म-कारक और ऊर्जा का प्रतीक है। वराह-मिहिर सूर्य को कालात्मा कहते हैं, क्योंकि समय (काल) का अस्तित्व सूर्य से ही है। वास्तव में सूर्य ही जीवन-शक्ति का मूल-स्रोत है प्रकृति के समग्र पदार्थ सूर्य द्वारा ही चैतन्य अथवा क्रियाशीलता को प्राप्त करते हैं। जब सूर्य और चन्द्रमा में युति होती है अर्थात् अमावस्या होती है तो वे दोनों अपनी शक्तियाँ एक ही समय भूगोल के एक ही भाग पर केन्द्रित कर देते हैं। ऐसे समय धरती और सागर पर असामान्य घटनाएँ उत्पन्न होती हैं। डॉ० वी० गोरे का कहना है कि यह सर्वथा बुद्धि-संगत है कि सूर्य और चन्द्रमा की स्थितियाँ समुद्रजल को प्रभावित करके 'टाईडज' उत्पन्न करती हैं; यही नहीं वे पृथ्वी तल पर संचित अन्य वनस्पतियों तथा मनुष्यों पर भी प्रभाव डालती हैं। प्रयोगों से यह विदित हुआ है कि मक्की की खेती तब अच्छी होती है, यदि उसे पूर्णिमा के दो दिन पूर्व बोया जाए। इसी प्रकार सूर्य-ग्रहण नेत्र ज्योति तथा अन्य जन-मारी रोगों पर भी प्रभाव डालते हैं।

पेरिस के प्रसिद्ध विद्वान एफ० चैपल ने अपने प्रयोगों द्वारा सिद्ध किया है कि मनुष्यों की जन्म-संख्या तथा सूर्य मार्ग में चन्द्र के परिभ्रमण की स्थितियों में गहरा तालमेल है, उन्होंने सिद्ध किया है कि अधिकांश स्त्रियों में मासिक धर्म चन्द्रमास की एक निश्चित तिथि को होता है। यदि व्यक्तिगत रूप में देखा जाए तो मासिक धर्म प्रायः उस समय होता है, जब चन्द्रमा जन्मपत्री में दिए हुए एक स्थिर बिन्दु पर पहुँच जाए। वराहमिहिर आचार्य ने 'बृहज् जातक' में स्पष्ट किया है कि स्त्री को प्रतिमास रजोदर्शन उस समय होता है जब चन्द्रमा लग्न से 'उपछाय'

में होता है। रजः स्राव मंगल तथा चन्द्रमा की परस्पर प्रतिक्रियाओं के कारण होता है। इसी प्रकार विभिन्न अनुसन्धानों ने निर्विवाद रूप से सिद्ध कर दिया है कि जल-वायु का मनुष्य के परिवर्धन, जीवन शक्ति, जनन-क्षमता, अपराध-वृत्ति, समृद्धि और सिद्धि पर पर्याप्त प्रभाव पड़ता है। डॉ० बुडाई का कथन है कि अमावस्या और पूर्णिमा की तिथियों एवं इनसे पूर्वापर के दो-दो दिन, स्वास्थ्य के लिए विशेषतया भयावह होते हैं। डॉ० बुडाई का यह मत ज्योतिष के सर्वमान्य सिद्धान्तों के सर्वथा अनुकूल है। श्री एम०वी० रामकृष्णन लिखते हैं, "वैसे तो सभी रोग, पर विशेषतया त्वचा-रोग, उन्माद और मृगी, चन्द्रमा के प्रभाव के कारण उत्पन्न समझे जाते हैं। हम अपने अनुभव से जानते हैं कि व्याधियों की प्रचंडता अमावस्या के समय बहुत बढ़ जाती है! इसे कोई नकार नहीं सकता!"

प्रसिद्ध वैज्ञानिक क्राफ्ट (Krafft) ने चन्द्रमा की स्थिति को सम्मुख रखते हुए कुछ अनुसन्धान किए जो अत्यन्त महत्वपूर्ण हैं, उनके अनुसार–

(1) जब चन्द्रमा कुम्भ राशि के उत्तरार्ध में हो तो जनसंख्या में विलोकनीय न्यूनता हो जाती है। परन्तु जब वह मीन के प्रथम दश अंशों में होता है, तो पूर्व क्षति की पूरक, उतनी ही वृद्धि हो जाती है।

(2) पूर्णिमा को पुंलिंगीय जातकों की संख्या घट जाती है परन्तु पूर्णिमा के तीन दिन बाद उनकी संख्या सबसे अधिक हो जाती है।

(3) जब चन्द्रमा दक्षिण से सूर्य पथ की ओर अग्रसर होता है तो जनसंख्या बढ़ती जाती है, और अधिकतम उस समय होती है, जब वह फल-बिन्दु यानी (Node) से तीन अथवा चार अंश पीछे रह जाती है।

(4) पुंलिंगीय जन्म सूर्य से अधिक प्रभावित होते हैं और स्त्रीलिंगीय चन्द्र से।

ज्योतिष शास्त्र में मंगल शौर्य, युद्ध, उग्रता, रक्तपात आदि प्रवृत्तियों का प्रतीक माना गया है। हैरानी की बात है कि विश्व के प्रमुख सेनानायकों की कुंडलियों में यह ग्रह प्रबल रूप में अवस्थित देखा गया है फ्रांस के एक प्रसिद्ध गणितज्ञ पॉल शाईनार्ड ने लगभग 1200 ऐसे व्यक्तियों की जन्मपत्रियों का विश्लेषण किया जो सेना-वृत्ति से जुड़े हुए थे। उनके जन्म समय मंगल की दृष्टि अन्य ग्रहों पर प्रबल थी, परिणामतः वे व्यक्ति सैन्य-बल की ओर प्रवृत्त हुए! ज्योतिष के विद्यार्थियों ने सम्यक् सिद्ध कर दिया है कि भूकम्प उस समय आते हैं जब अनिष्टकारक ग्रहों की युतियाँ किसी राष्ट्र के लग्न पर हो। भूकम्प के कारणों के सम्बन्ध में ज्योतिषियों का सिद्धान्त बड़े-बड़े वैज्ञानिकों को चकित कर देता है। भूकम्प का कारण केवल भूगर्भ कें भीतर किसी गड़बड़ का होना नहीं है अपितु विभिन्न ग्रहों की युतियाँ होती हैं जो सम्मिलित रूप से अपनी तरंगों के द्वारा पृथ्वी को आकृष्ट करती है। इसी प्रकार धूमकेतुओं के उदय होने के साथ ही जनमारियाँ फैली, युद्ध

हुए, राजपाट उलट-पलट हुए, दुर्भिक्ष पड़े तथा भूचाल आए। इस प्राकृतिक कारण के पीछे भी आकाश में विचरण करते ग्रहों की भिन्न-भिन्न युतियाँ ही हैं। इन्हीं युतियों के आधार पर भावी धूमकेतुओं की गणना तथा काल निर्धारित करने की प्रक्रिया चलती रहती है। विश्व के सुप्रसिद्ध नाटककार शैक्सपीयर ने भी सम्भवतः स्वज्ञा द्वारा धूमकेतुओं के प्रकट होने की सार्थकता को भाँप लिया था। उनके कथनानुसार, "भिखारी मरे तो कहीं धूमकेतु दिखाई नहीं पड़ते; राजपुत्रों के स्वर्ग गमन की घोषणा साक्षात् आकाश पिंड ज्वलन्त होकर करते हैं।"

इन समस्त तथ्यों के आलोक में एक बात स्वतः स्पष्ट हो जाती है कि भविष्य एकदम अनिश्चित नहीं है। भविष्य के बारे में हमारा ज्ञान अनिश्चित है अधूरा है। भविष्य हमें दिखाई नहीं देता, इसीलिए भ्रममूलक बातें उत्पन्न होती हैं। ज्योतिष भविष्य देखने की एक प्रक्रिया है। ऐसी कई अन्य प्रक्रियाएँ भी हैं जैसे कि हाथ पर खिंची लकीरें, मनुष्य के माथे की लकीरें मनुष्य के पैरों के चिह्न आदि। कहा जा सकता है कि ज्योतिष न केवल एक अत्यन्त मनोरंजन बौद्धिक अध्ययन है, प्रत्युत एक अद्‌भुत उपकरण है जिससे भावी घटनाओं का मूल कारण स्पष्ट किया जा सकता है। ज्योतिष एक व्यापक विद्या है, जो ब्रह्म-सहोदर है, इसे संकुचित अर्थों में विज्ञान नहीं कहा जा सकता। ज्योतिष का आधार विज्ञान द्वारा प्रदत्त तथ्य ही है। एक विषय जो जीवित पदार्थों से सम्बन्ध रखता हो वह महज विज्ञान नहीं हो सकता, इसमें कलात्मकता का अंश प्रविष्ट होना स्वाभाविक है। कारण-कार्य अन्वेषण जुड़े जिज्ञासुओं के लिए यह विज्ञान है; व्यावहारिक जगत् के प्राणियों के लिए यह श्रद्धा का विषय है, वैदिक अनुष्ठानों से सम्बद्ध मनीषियों के लिए यह पूज्य है, सहज मनोवृत्ति वालों की यह कला है तथा अत्यन्त आकाश गंगाओं को नापने की आकांक्षा करनेवाले आराधकों के लिए यही ज्योतिष ब्रह्म-विद्या है, ज्ञान चक्षु है।

बारहवाँ अध्याय

महत्वपूर्ण पारिभाषिक शब्दावली
ज्योतिष विद्या की पहली सीढ़ी

ज्योतिष

ज्योतिष का अर्थ है ज्योति या प्रकाश। जिस विद्या या विधा से भूत, वर्तमान और भविष्य को प्रकाशमान किया जाता है, उसे ज्योतिष कहते हैं। यह विद्या सांसारिक जीवों के जीवन रहस्य, दर्शन और भाग्य पर प्रकाश डालती है। इस विद्या के मुख्य दो स्वरूप हैं; (1) गणित ज्योतिष तथा (2) फलित ज्योतिष।

गणित ज्योतिष : गणित ज्योतिष के द्वारा ग्रहों, राशियों तथा नक्षत्रों की गति और स्थिति की गणना की जाती है। कुंडली निर्माण गणित द्वारा होता है।

फलित ज्योतिष : जन्म कुंडली के आधार पर जब भविष्यवाणी की जाती है, उसे फलित ज्योतिष की संज्ञा दी जाती है।

जन्म कुंडली : जिस समय कोई मनुष्य उत्पन्न होता है उस समय आकाश का जो नक्शा होता है, उसे जन्म-कुंडली कहते हैं। जन्म कुंडली जन्म समय जातक के ग्रहों, राशियों तथा नक्षत्रों को दर्शाती है। टेवा, टिपड़ा, जन्म पत्रिका आदि इसी के नाम हैं।

जातक : जिसका जन्म हुआ है। बाल, युवा, वृद्ध—नर या नारी जो कोई ज्योतिष शास्त्र द्वारा भविष्य जानने का जिज्ञासु है वही जातक है।

लग्न : लग्न शब्द का अर्थ है, 'लगा हुआ' अर्थात् जन्म समय आकाश में जो राशि क्षितिज पर उदय है। इसे क्षितिज बिन्दु भी कहते हैं। इसी बिन्दु को आरम्भ मानकर कुंडली निर्माण होता है। ग्रहों, राशियों तथा नक्षत्रों का निर्णय लिया जाता है। लग्न को जातक के जन्म काल का नक्शा भी कहते हैं।

ग्रह : धरती तथा जीवों पर प्रभाव डालनेवाले नवग्रह जो सौरमंडल में सूर्य

की परिक्रमा करते हैं। भारतीय सिद्धान्त में ग्रहों की संख्या नौ है जबकि नवीन खोजों के आधार पर पश्चिमी ज्योतिष आचार्य इनकी संख्या तेरह तक मानते हैं।

राशि : सामान्य भाषा में राशि का अर्थ, ढेर, समूह या पुंज से है। राशियाँ क्रान्तिवृत के बारह तारा समूह हैं। मेषादि बारह राशियों का कल्पित मंडल या चक्र आकाश में स्वीकार किया जाता है।

जन्म राशि : जन्म के समय चन्द्रमा जिस राशि में हो उसे ही जातक की जन्म राशि कहते हैं।

नाम राशि : कई बार नामकरण करते समय चन्द्र राशि का आधार नहीं लिया जाता। ऐसी स्थिति में नाम के प्रथम अक्षर का सम्बन्ध जिस राशि या नक्षत्र से हो उसे नाम राशि मान लिया जाता है।

नक्षत्र : आकाश मंडल के 27 स्थिर तारे जो चन्द्रमा की गति, यात्रा और शेष ग्रहों की स्थिति स्पष्ट करते हैं नक्षत्र कहलाते हैं। ये नक्षत्र आकाश के कल्पित मील पत्थर हैं जो जन्म कुंडली की ग्रह-गणना का मुख्य आधार है।

योग : मिलान, मेल या संयोग है। दो या दो से अधिक गृह एक राशि में रहें तो योग बनता है। योग उसी प्रकार शुभ और अशुभ होते हैं जिस प्रकार दो दवाइयों का मिश्रण—शहद और घी का मिश्रण।

योगकारक ग्रह : ऐसा ग्रह जो जातक को सुख, समृद्धि, धन, ऐश्वर्य तथा मान-सम्मान देने में सक्षम है। योग-कारक ग्रह अपनी दशा तथा अन्तरदशा में सब अभावों की पूर्ति करता है; इच्छाओं के अनुसार फल देता है।

राज योग : कुंडली में विद्यमान ग्रहों की ऐसी युति या योग जो मनुष्य को राजा के समान सुख और समृद्धि प्रदान करता है। राजयोग का सम्बन्ध, उन्नति, सम्मान और ऐश्वर्य से है। पुराने समय में देश छोटे-छोटे राज्यों या रजवाड़ी शाही में बँटा हुआ था, राजे-महाराजे तथा ग्राम आदि के मुख्य बहुसंख्य में पाए जाते थे। ऐसे ही सम्पन्न व्यक्तियों के आश्रय में ज्योतिषाचार्य अपनी जीविका-ग्रन्थ रचनाओं का प्रबन्ध जुटाते थे। इसीलिए प्राचीन ग्रन्थों में राजयोग शब्द बार-बार प्रकट होता है। आधुनिक काल में—लोकतन्त्र के युग में राजयोग उच्च सरकारी पद पर आसीन, एम०एल०ए० तथा मन्त्री आदि की कुंडली में प्रायः देखने को मिलते हैं। सामान्य व्यक्ति भी राजयोग के सुख भोग सकता है। राजसी ठाट, सुखमय जीवन।

जन्त्री : वह पुस्तिका या आधार जिसमें दैनिक ग्रहों, राशियों, नक्षत्रों तथा लग्नकाल आदि का विवरण उपलब्ध होता है। शास्त्रीय भाषा में इसे पंचांग भी कहते हैं। आजकल पंचांग का स्थान कम्प्यूटर सी०डी० ने ले लिया है।

पंचांग : किसी भी समय को व्यक्त करने के लिए पंचांग का प्रयोग होता

है। पंचांग से अभिप्राय काल के पाँच अंगों से है। (पाँच + अंग) 1. तिथि, 2. वार, 3. नक्षत्र, 4. योग तथा 5. करण।

वार : वार का अर्थ सप्ताह के साथ विभिन्न दिनों से है जिनके नाम उस दिन के स्वामी ग्रह के नाम पर रखे गये हैं जैसे रविवार (सूर्य), सोमवार (चन्द्र), मंगलवार, बुधवार, गुरुवार (बृहस्पति), शुक्रवार, शनिवार। भारतीय खगोल विज्ञान में सूर्योदय से अगले सूर्योदय तक एक बार माना जाता है।

तिथि : चन्द्र मास को प्रकट करती हैं। एक चन्द्र मास में तीस तिथियाँ होती हैं। तिथियाँ शुक्ल पक्ष तथा कृष्ण पक्ष नामों से जानी जाती है। आकाश मंडल में चन्द्रमा और सूर्य की निकटता कृष्ण पक्ष की तिथियाँ तथा चन्द्रमा से सूर्य की बढ़ती दूरी शुक्ल पक्ष को प्रकट करती है। शुक्ल एवं कृष्ण पक्ष पन्द्रह-पन्द्रह तिथियों का होता है। चन्द्र-सूर्य जब शून्य डिग्री पर होते हैं तो अमावस्या तथा जब 180 डिग्री पर आमने-सामने होते हैं तो पूर्णिमा होती है।

नक्षत्र : भचक्र के 27 स्थायी मील पत्थर।

करण : प्रत्येक तिथि में दो करण होते हैं। जिस प्रकार चन्द्रमा की सूर्य से प्रत्येक 12^0 की दूरी पर एक तिथि होती है, उसी प्रकार 6^0 के अन्तर पर एक करण होता है।

योग : योगों की संख्या 27 है। सूर्य और चन्द्रमा की संयुक्त चाल के फलस्वरूप विभिन्न योग बनते हैं। सूर्य एवं चन्द्रमा की राशि, कला, विकला का जोड़ ही योग प्रकट करता है। योग शुभ भी हो सकते हैं, अशुभ भी। मुहुर्त के लिए इन पर विचार किया जाता है।

इष्टकाल : यह घड़ी-पलों में व्यक्त होता है। एक घंटे में 2½ (ढाई घड़ियाँ) यानी 2 घड़ी 30 पल होते हैं। स्टैंडर्ड समय के अनुसार सूर्योदय से शुरू करके जन्म समय तक के घण्टों मिनटों को अढ़ाई (2½) गुणा करके घड़ी पल निकाला जाता है तब इष्टकाल स्पष्ट होता है।

क्रान्तिवृत : आकाश में वह वृत्ताकार पथ जिस पर सूर्य भ्रमण करता हुआ प्रतीत होता है। सूर्य एक वर्ष में इस आकाशीय गोल का भ्रमण करता है। वास्तव में सूर्य पृथ्वी के चारों ओर नहीं बल्कि पृथ्वी सूर्य के चारों ओर वार्षिक परिभ्रमण करती है।

भचक्र : भचक्र आकाश मंडल है जो क्रान्तिवृत के नौ अंश उत्तर तथा नौ अंश दक्षिण तक फैला हुआ है। यह पथ या पट्टी काल्पनिक है। चन्द्र, मंगल आदि ग्रह इसी पट्टी पर भ्रमण करते हैं। भचक्र अंडाकार सा प्रतीत होता है। इस गोलाकार पट्टी के 360^0 हैं। इसी पथ या पट्टी को 12 भागों में बाँटा गया है जो राशि चक्र या राशियाँ कहलाती हैं। प्रत्येक राशि 30^0 अंश—बारह राशियाँ 360^0 अंश।

दशाचक्र : कुंडली का फलादेश कथन के लिए दशा चक्र जानना जरूरी है। मुख्य दशाएँ तीन हैं; विशोतरी महादशा, अष्टोत्तरी महादशा तथा योगिनी दशा।

विंशोत्तरी दशा : यह दशाचक्र अधिक प्रसिद्ध और प्रचलित है। इस दशा में पूर्ण जीवन 120 वर्षों का मानकर दशा एवं फलादेश स्पष्ट करते हैं। ग्रहों के अनुसार दशा कला इस प्रकार है—सूर्य 6, चन्द्र 10, मंगल 7, बुध 17, गुरु 16, शुक्र 20, शनि 19, राहु 18, केतु 7

जातक का जो जन्म नक्षत्र है उस नक्षत्र के स्वामी से दशाचक्र आरम्भ होता है और महादशा-अन्तर्दशा चलती है।

अष्टोत्तरी दशा : इस दशा का ज्ञान भी नक्षत्रों द्वारा ही होता है। अभिजित सहित सभी नक्षत्रों को पाप ग्रहों में चार-चार और शुभ ग्रहों में तीन-तीन कारक बाँटा जाता है। जो ग्रह जिस जन्म नक्षत्र में आता हो उसी ग्रह से अष्टोतरी दशा आरम्भ की जाती है। कुल दशा काल 108 वर्ष का होता है।

योगिनी : इसमें आठ दशाएँ होती हैं जो 36 वर्षों में पूरी होती है। 36 वर्ष पूरे होने पर पुनः आवृत्ति होती है। जन्म नक्षत्र संख्या में 3 जोड़कर आठ से भाग देने पर जो शेष बचे, उसी के आधार पर दशा का आरम्भ होता है।

ज्योतिष से भिन्न भविष्य जानने की विद्याएँ :

हस्तरेखा शास्त्र (Palmistry) : सामुद्रिक विद्या। हाथ की रेखाओं और आकृति से भविष्य जानने का शास्त्र। Chiromancy

मस्तिष्क विज्ञान (Phrenology) : मस्तक की रेखाओं और उभार द्वारा व्यक्ति के भविष्य का ज्ञान प्राप्त करना।

अंक विद्या : नाम के वर्णों का जोड़ लेकर या जन्म तिथि के जोड़ अंकों से भविष्य कथन की प्रणाली।

हस्त-लेख विश्लेषण (Graphology) : व्यक्ति के हस्ताक्षर या उसकी लिखावट के आधार पर भविष्य और चरित्र जानने की प्रक्रिया।

लक्षण विज्ञान : मानवीय शरीर पर पाए जानेवाले तिल-मस्से और अन्य चिह्नों द्वारा शुभ-अशुभ कथन का ढंग। मनुष्य के डील-डौल के अनुसार भी भावी जीवन का घटनाक्रम कहा जाता है।

शकुन (omens) : जीवों तथा प्राकृतिक तत्वों के आधार पर भविष्य कथन की प्रणाली।

मुख आकृति विश्लेषण (Face reading) : कहा भी जाता है चेहरा मन का दर्पण है। मन से जुड़े भावों को जानने की कला।

क्षितिज बिन्दु : 'क्षितिज बिन्दु' वास्तव में लग्न ही का पर्याय है। लग्न शब्द का अर्थ है 'लगा हुआ' अर्थात क्षितिज पर लगा हुआ। इसी कारण इसे क्षितिज

लग्न भी कहा जाता है। मगर लग्न का कोणात्मक विस्तार 30^0 अंश का होता है। (लग्न को उदय राशि आधार पर लिया जाता है) इसका अर्थ हुआ कि जातक के जन्म के समय यह 30 अंश लग्न अथवा 'क्षितिज-लग्न' उदय हो रहा था। यह तीस अंश का विस्तार बहुत अधिक होता है। जन्म तो एक क्षण विशेष में होता है। अतः जन्म समय पर उस क्षण विशेष पर उदय होते हुए बिन्दु को लिया जाना चाहिए। इसीलिए हमने क्षितिज बिन्दु की परिकल्पना की और उदय लग्न के स्थान पर 'क्षितिज बिन्दु' को अपना आधार बनाया। अर्थ वही है—क्षितिज से लगा हुआ अथवा वह बिन्दु विशेष जो जन्म समय पर क्षितिज से लगा हुआ था।

नक्षत्र : चन्द्र नक्षत्र—न क्षरति, न सरति इति नक्षत्रः अर्थात् नक्षत्र का शाब्दिक अर्थ हुआ न हिलने वाला अथवा न चलने वाला। हमारा राशि पथ एक स्थिर नक्षत्र से आरम्भ होता है इसीलिए इसे नाक्षत्र वृत्त कहते हैं। हमारे अध्ययन का मूल विषय यही नक्षत्र ही है अतः नक्षत्र विषय पर इस अध्याय में थोड़ी चर्चा करेंगे।

'प्रोफेसर मैक्समूलर' जर्मन मूल के एक उच्च कोटि के विद्वान थे। इन्होंने वेदों का गहन अध्ययन किया। वेदों में उपलब्ध नक्षत्र ज्ञान पर टिप्पणी करते हुए इन्होंने कहा था कि भारतवासी आकाश-मंडल और नक्षत्र मंडल आदि विषयों में अग्रज हैं। भारत ने यह विद्या किसी अन्य देश से उधार नहीं ली है, वरन् भारतीय ही इस विद्या और नक्षत्र के आविष्कार कर्ता हैं। सत्य ही कितना समृद्ध रहा होगा उस काल में भारतीय शिक्षा एवं ज्ञान का स्तर।

यजुर्वेद में 27 नक्षत्रों को गन्धर्वों की संज्ञा दी गई है तो अथर्ववेद में 28 नक्षत्रों का वर्णन मिलता है। उस काल में बसन्त सम्पात कृतिका नक्षत्र में होता था और इसी आधार पर कृतिका नक्षत्र को प्रथम नक्षत्र होने का गौरव प्राप्त हुआ।

चन्द्र नक्षत्र को 'जन्म-नक्षत्र' कहा जाता है—यह उपनाम तो जन्म नक्षत्र अर्थात उदय लग्न नक्षत्र का होना चाहिए। जन्म समय पर चन्द्रमा नहीं—क्षितिज बिन्दु का उदय होता है अर्थात् एक नक्षत्र विशेष का एक अंश उदय होता है। उस उदित अंश को जन्म-नक्षत्र न कहकर हम चन्द्रमा के नक्षत्र को जन्म नक्षत्र कहते हैं। यह चन्द्र नक्षत्र प्रायः पूरे एक अहोरात्र में ही रहता है। इसका अर्थ यह हुआ कि उस अहोरात्र में पैदा हुए सभी जातकों का एक ही जन्म नक्षत्र हो गया।

तेरहवाँ अध्याय

सन्दर्भ ग्रन्थ सूची

1. ज्योतिष और आधुनिक विचारधारा : वी०वी० रामन
2. सुगम ज्योतिष प्रवेशिका : पं० गोपेश कुमार ओझा
3. ज्योतिष अद्वैत का विज्ञान : भगवान श्री रजनीश
4. ज्योतिषाध्ययन प्रवेशिका : वी० सूर्यनारायण राव
5. मानव ज्ञान, इसका प्रस्तार और सीमा : बर्ट्रेण्ड रसेल
6. विज्ञान जगत में ज्योतिष का स्थान : आरनल्ड डब्ल्यू० मेयर
7. ज्योतिष का पाठ्य पुस्तक : ए०जे० पीयर्स
8. दैनिक जीवन और ज्योतिष : रूपरट्ग्लीडो
9. व्यक्तित्व का ज्योतिष : ढेन रूढयार
10. हिन्दू ज्योतिष : मनकरी पांडे
11. ज्योतिष भाग्य तथा वैश्वकारक : वी० गोरे
12. ज्योतिष का सार : गिओजे मुल्लक
13. मन की पहुँच : जे०बी० राईन
14. अशोक के फूल : डॉ० हजारीप्रसाद द्विवेदी
15. ज्योतिष विश्वकोश : हरिदत्त शर्मा
16. उत्तरकालामृत (कालिदास) : व्याख्याकार जगन्नाथ भसीन
17. ज्योतिष और काल निर्णय : डॉ० नारायण दत्त श्रीमाली
18. शीघ्रबोध : आचार्य गोविन्द पाठक
19. सत्य सिद्धान्त ज्योतिष : प० प्रभु लाल शर्मा
20. तन्त्र विज्ञान : गोविन्द शास्त्री
21. षट पंचाशिका : पं० माधव प्रसाद व्यास
22. मुहुर्त चिन्तामणि
23. अनिष्ट ग्रह : कारण और निवारण : उर्मिला देवी शर्मा

24. रत्नधर्मालोक : पं० ज्ञानचन्द्र शर्मा
25. शरीर सर्वांग लक्षण : भगवानदास मीतल
26. तन्त्र मन्त्र यन्त्र : आचार्य चाणक्य
27. भुवन दीपक : प्रो० कृष्णचन्द्र
28. ज्योतिष और रोग : पं० जगन्नाथ भसीन
29. जातक अलंकार : आचार्य लषण लाल झा
30. विचित्र सागर : पं० ज्ञानचन्द्र शर्मा
31. ज्योतिष और रोग : डॉ० हरिकृष्ण छंगानी
32. मोहिनी विद्या सिद्धि : राजेश दीक्षित
33. ज्योतिष और धन योग : डॉ० हरिकृष्ण छंगानी
34. ज्योतिष और आधार सम्भोग : राजाराम शास्त्री
35. मन्त्र विज्ञान : गोविन्द शास्त्री
36. व्यवसाय का चुनाव : ज्योतिर्विद जगन्नाथ भसीन
37. ज्योतिष की सुनहरी किताब : एस० के० रिखी
38. प्रश्न ज्ञान प्रदीप : शम्भु सिंह
39. हठयोग प्रदीपिका : गिरिराज शास्त्री
40. चमत्कारी रत्न साधना : पं० शत्रुघ्न लाल शुक्ल
41. कर्म विपाक संहिता : पं० शम्भुदत्त त्रिपाठी
42. रत्न विवेचन : आचार्य भास्करानन्द लोहनी
43. सचित्र ज्योतिष शिक्षा : बाबू लाल ठाकुर ज्योतिषाचार्य
44. वैदिक गणित : स्वामी भारती कृष्ण तीर्थ
45. ज्योतिष और परिवार नियोजन : मेजर एस०जी० खोत
46. जन्म पत्रिका दर्पण : डॉ० नारायण दत्त श्रीमाली
47. ज्योतिष के अनुभूत रहस्य : पवन चन्दोलिया
48. ज्योतिष जगत : दुर्गादत्त शर्मा
49. बृहत् पाराशर होरा शास्त्रम् : व्याख्याकार डॉ० सुरेशचन्द्र मिश्र
50. सर्वार्थ चिन्तामणि : बी० सूर्यनारायण राव
51. ज्योतिष तत्व प्रकाश : पं० लक्ष्मीकान्त कन्याल
52. खगोल शास्त्र : वी० पी० जैन
53. चिकित्सा ज्योतिष : डॉ० एस० कृष्ण कुमार
54. वैवाहिक विलम्ब के विविध आयाम एवं मन्त्र : मृदुला त्रिवेदी
55. ज्योतिष योग साहस्त्री : डॉ० भोजराज द्विवेदी
56. सन्तान सुख सर्वांग चिन्तन : मृदुला त्रिवेदी

57. भारतीय ज्योतिष : डॉ० नेमिचन्द्र शास्त्री
58. शनि शमन : मृदुला त्रिवेदी
59. शत्रु शमन : मृदुला त्रिवेदी
60. जातक पारिजात : गोपेश कुमार ओझा
61. जातक तत्वम् : डॉ० सुरेश चन्द्र मिश्र
62. वृहज्जातकम : प० केदारदत्त जोशी
63. ज्योतिष रत्नाकर : देवकीनन्दन सिंह
64. जातक देश मार्ग : गोपेश कुमार ओझा
65. सारावली : डॉ० मुरलीधर चतुर्वेदी
66. विवाह का समय : भारतीय प्राच्य एवं सनातन विज्ञान संस्थान
67. ज्योतिष और रोग विचार : डॉ० भोजराज द्विवेदी
68. भावफल विचार : कृष्ण कुमार
69. कुंडली मिलान : डॉ० एस० सी० कुसरीजा
70. दाम्पत्य सुख : डॉ० शुकदेव चतुर्वेदी
71. नक्षत्र फल दर्पण : डॉ० गौरीशंकर कपूर
72. फलित ज्योतिष रेडी रेकनर : तिलकचन्द तिलक
73. ज्योतिष योग दर्पण : राधाकृष्ण शर्मा
74. उडुदाय : प्रदीप : पं० मुकन्द वल्लभ
75. भारतीय ज्योतिष : डॉ० नारायणदत्त श्रीमाली
76. जन्मपत्री रचना : डॉ० नारायण दत्त श्रीमाली
77. फलित ज्योतिष : डॉ० नारायण दत्त श्रीमाली
78. सन्तान सुख संसर्ग चिन्तन : मृदुला त्रिवेदी

पत्रिकाएँ

1. कादम्बिनी ज्योतिष का सच, नवम्बर 2004
2. सौभाग्य दीप

English

1. Three Hundred Important Combination : Dr. B.V. Raman
2. Catchism of Astrology : Dr. B.V. Raman
3. Prasna Tranta : Dr. B.V. Raman
4. How to Judge a Horoscope : Dr. B.V. Raman

5. A manual of Hindu Astrology : Dr. B.V. Raman
6. Hindu Predictive Astrology : Dr. B.V. Raman
7. Bhavaratha Rattanakar : Dr. B.V. Raman
8. Graha & Bhava Balas : Dr. B.V. Raman
9. Jataka Chandrika : B. Surya Narayan Rao
10. Rahu & Ketu in Predictive Astrology : Manik Chand Jain
11. Astrology : Bright
12. Every Day Astrology : V.A.K. Ayer
13. The Cosmic Marriage : Reinhold Ebertin
14. The Prediction Book of Astrology : Peter West & Jo Logan
15. Marriage Married life and Children : K.S. Krishna Murti
16. How to Judge a Nativity : Alan Leo
17. Predictive Astrology and Financial Prosperity : Mohan Vir Tuli
18. Healing Through Gems : N. N. Saha
19. The New Astrology : Martin Seymour Smith
20. The Modern Text Book of Astrology : Margaret E. Hone

Magazine

1. Astrology Magazine

❑❑❑